대학생을 위한

글쓰기와 말하기

김동혁 김종헌 마소연 황형식 공저

양 성 원

머리말

글쓰기와 말하기는 대학에서의 교양교육이 지향하는 가상 큰 목표이다. 아무리 방대한 양의 책을 읽고 새로운 지식을 습득한다 하더라도 그것을 자신의 것으로 만들지 못하고 또 상대방에게 제대로 전달하지 못하면 아무런 효용도 발휘하지 못한다. 학교생활에서 이루어지는 대부분의 학습활동은 글쓰기와 말하기에 그 평가의 지표를 삼는다. 뿐만 아니라 일상생활에서도 글쓰기와 말하기는 매우 중요하다. 특히 디지털 기술이 발전하면서 의사소통의 문제는 학문적 성과를 비롯해 삶의 질을 향상시키는 것에도 큰 역할을 하고 있다. 말하자면 의사소통은 복잡하게 진화하고 있는 현대사회에서 생존의 문제와 직결되고 있는 것이다. 글과 말은 곧 자신의 의견과 주장을 표현하는 수단이며, 공통의 목표를 향해 달려가는 업무 능력의 척도이다.

대학 교양교육의 범주 안에서 글쓰기와 말하기 교육은 곧 우리 사회와 학문이 요구하는 제도와 형식을 배우는 것이다. 자신의 글과 말이 한 사회나 집단으로부터 인정받으려면 제도가 정한 형식에 그것을 대입시킬 수 있어야 한다. 또한 목적성에 따라 다양한 종류의 글쓰기와 말하기 능력을 갖추어야 한다. 단순히 언어를 나열하고 지식을 보여주는 것으로 의사소통이 이루어지는 시대는 지났다. 제도와 형식을 배우고 그것에 창의와 융합의 능력을 덧씌워야 한다.

이 책은 대학생들의 글쓰기와 말하기 능력을 향상시킬 목적으로 개발된 교재이다. 이 책이 지향하는 바는 과정 중심 및 실용성이다. 또한 글쓰기와 말하기 능력의 발전을 통해 대학생활 및 졸업 후 사회생활에서의 원활한 의사소통을 목적으로 한다. 이 책은 제1, 2부로 나뉘어져 있는데 제1부는 글쓰기의 의미와 목적을 이해하고 글을 쓰는 과정에서 필요한 여러 기술과 지식들로 채워져 있다. 한편 제2부에서는 대학생활뿐만 아니라 직장생활에서도 유용하게 사용할 수 있는 말하기의 기술에 관한 여러 자료들을 제공하여 학습자가 유용하게 활용할 수 있도록 준비하였다.

세부적으로는 글쓰기의 기본적인 정신을 소개하면서 내용, 구성 그리고 서술방식과 수사법을 향상시킬 수 있도록 하였고, 실요적 글쓰기라고 할 수 있는 비평적 글쓰기, 보고서 작성 및 감상문과 자신의 삶을 표현할 수 있는 글쓰기 방법을 소개했다. 또한 현재 각광빋고 있는 스토리텔링 쓰기와 맞춤법을 소개하여 한층 발전된 글쓰기 능력과 창의성 향상을 연습할 수 있도록 하였다. 말하기에서는 학습자의 실용적 활용을 고려하여 프레젠테이션, 경청능력, 상호소통 및 토론과 토의의 방법에 관한 실제적 예시를 소개해 졸업 후에도 유용한 학습이 되도록 준비했다.

이 책으로 공부한 모든 이들이 글쓰기와 말하기의 기초를 튼튼히 다져 각자의 전공 및 활동분야에서 창의적이고 논리적인 인재로 발전해 나가길 기대한다.

2020년 3월

저자 일동

차례

PART 1

글쓰기

01 Chapter

글쓰기의 기초와 이해

학습목표

1. 올바른 글쓰기의 방법이 왜 필요한지를 알고 시대 변화에 따른 글쓰기의 방법을 이해할 수 있다.
2. 좋은 글의 요건에 대해 생각하고 자신이 생각하는 좋은 글의 요건을 말할 수 있다.

1. 글쓰기의 이해

인간이 글을 쓰는 이유는 결국 생각을 표현하기 위해서이다. 말하자면 글쓰기는 가장 정제된 자기표현 방법이다. 토론이나 토의 같은 공식적인 말하기도 정리된 사고가 필요하지만 경우에 따라 즉흥적일 수 있고 논리적인 모순이 발생하기도 한다. 하지만 글쓰기는 문법적인 오류나 논리적인 모순을 허용하지 않는다. 글쓰기는 하나의 완성된 기록이기 때문에 그것을 마무리하기 전에 수정의 과정을 반드시 거쳐야 한다. 흔히들 퇴고라고 하는 수정의 과정 속에서 표현하고자 하는 생각은 더 명료해지고 논리적으로 흔들림 없는 사유가 완성되어 간다.

인간의 생각을 표현하고 지식과 소식을 전하는 일이 글쓰기의 1차적인 사명이라면 요즘 들어 글쓰기는 '치유'라는 분야로 그 범위를 확장해 가고 있다. 사실 인간에게 있어 글을 쓰는 행위는 고래(古來)로부터 '힐링'의 역할을 톡톡히 해 온 것이 사실이다. 인간은 글을 쓰면서 자신의 부족한 능력을 채워 볼 수 있었고, 자신이 닿지 못하는 미지의 세계를 상상할 수 있었다. 또한 자신이 적대시하는 상대를 공격할 수 있었고 죽음이나 신과 같은 숭배의 대상을 탄생시킬 수도 있었다. 말하자면 글은 자신의 정체성을 구체적으로 만드는 거의 유일하고도 가장 확실한 방법이다. '나'를 세상에 알리고 후세에 남기는 방법은 그 어떤 수단보다도 '글'이 가장 확실하다. 눈 깜짝할 사이에 변화하고 있는 현대 사회에서 인간은 자신이 어떤 모습으로 살아왔으며 또 어떻게 살아갈 것인지 대한 고민에 빠져들게 되고 그로 말미암아 깊은 좌절을 맛보기도 한다. 이런 세태에서 자신이 누구인지를 알아가는 방법인 글쓰기는 여러 가지 의미에서 자기 스스로를 보호하기 위한 중요한 수단이 되어 줄 것이다.

다음으로 글쓰기는 '소통'의 수단으로서 중요한 자리를 차지하고 있다. 인간은 사회적 동물이다. 그 어떤 인간도 혼자서 살아갈 수 없다. 분명 누군가에게 자신의 의견을 전달하고 그 의견에 대한 반응에 다시 다음 행위를 덧붙이며 삶을 영위하고 발전시켜 간다. 대부분의 경우 일상 속에서 인간의 소통 방법은 말하기이다. 하지만 조금 더 공식화되고 전문화된 분야에서의 소통은 글쓰기를 이용한다. 세상에 존재하는 모든 공식적인 문서는 소통을 위하여 존재한다고 해도 과언이 아니다. 나의 생각을 상대방에게 명쾌하게 이해시키기 위해 쓰는 글은 표현 방법이 정확해야 하며 내용이 논리적이어야 한다. 또한 자신의 독특한 생각을 불특정한 대상에게 읽히기 위해 쓴 글이라 할지라도 그 글은 분명한 목적성과 장르의 반경을 지켜야 한다. 왜냐하면 타인에게 자신의 생각을 이해시키기 위해서는 사회적으로 약속된 일종의 규칙을 지켜줘야 하기 때문이다. 자신의 머릿속에 있는 생각을 모두 지면에 옮길 수도 없겠지만 그렇게 장황하게 나열한다고 해서 타인과의 소통이 이루어지는 것도 아니다. 상대의 공감(共感)을 이끌어 낼 수 있는 기술이 소통의 글쓰기에는 반드시 필요하다.

한편 글쓰기는 창의력을 계발하는 좋은 연습이 되다. 우리는 말 그대로 '융복합적 지식의 시대'를 살아가고 있다. 융합과 복합의 지식은 단순하게 '섞는' 행위로 만들어지는 것이 아니다. 각 학문과 문화의 유사점과 차이점 사이에서 새로운 사유를 이끌어내고 그것을 체계화하여 전혀 다른 차원의 지식을 생산하는 것을 의미한다. 어느 시대에나 '창의'가 각광을 받아온 것은 사실이지만 지금처럼 현실로 다가온 적은 없었다. 이는 앞으로도 계속 유지될 수밖에 없는 현실이며 우리는 그러한 복잡다단한 세상을 살아가야 한다.

그렇다면 우리는 글을 통해 어떻게 창의적 사고를 발전시켜 나갈 수 있을까? 아무리 뛰어난 두뇌를 가진 사람이라고 하더라도 글을 쓰기 위해서는 일정한 준비 기간이 필요하다. 이 준비의 시간동안 자신의 생각을 글로 표현할 최초의 단계 즉 '구상'을 만들어야 한다. 창의적 사고의 발현은 바로 이 색다른 구상을 연습하는 과정에서 생성된다. 같은 표현도 다르게 할 때, 문장으로 느끼는 감동은 달라진다. 일상적인 것을 일상적이지 않게 생각하고 그것을 다시 나만의 색채를 가진 문장으로 쓰는 공정이 곧 창의적 사고의 시작이다.

지금까지 살펴본 대로 글쓰기는 표현, 치유, 소통, 창의를 아우르는 매우 종합적인 과정을 포함한다. 오늘날 우리는 흔히 모바일 시대를 살아가고 있다고 말한다. 거의 대부분의 사람들이 스마트폰을 들고 다닌다. 이러한 모습을 곰곰이 생각해보면 현대인은 자신의 손에 세상의 거의 모든 문화와 뉴스, 정보와 지식을 가지고 다니는 셈이 된다. 아무리 인터넷이 발달하고 영상 기술이 좋아져도 결국은 '글'이 가장 중요한 콘텐츠를 채운다. 또한 범람이라고 표현해도 어색하지 않은 엄청난 정보들 속에서 자신의 정체성을 유지하는 지식 체계를 만들어가기 위해서는 스스로가 필요한 정보를 선별하는 능력을 키워야 하고 자신을 올바로 표현할 수 있는 사고력을 높여야 한다.

단순히 읽기만 하고 표현하는 연습을 하지 않으면 지식의 반경이 좁아진다. 고등학교까지 우리나라 교육은 읽기 위주의 교육이다. 대학에서 고등교육을 마친 지식인들조차 긴 글을 써야 하는 순간이 오면 긴장하고 당황한다. 무엇을 어떻게 써야 할지 갈피를 잡지 못하고 시간을 죽이기가 일쑤다. 글은 분명 연습을 통해 발전할 수 있다. 대학생으로서 글쓰기에 대한 새로운 인식을 가져야 하는 이유는 좋은 글을 생산하는 것보다 좋은 글을 쓰기 위해 노력하는 과정에서 얻어지는 부산물이 더 많기 때문이다.

2. 디지털 시대와 글쓰기

디지털 시대가 열리면서 책의 비중이 떨어진 것은 사실이지만 글의 중요성은 더 높아졌다. 인터넷이라는 가상의 공간은 언제나 화면으로 존재하지만 실상 그 속을 가득 채우고 있는 콘텐츠는 대부분이 글이다. 그러므로 글은 지면에서 화면으로 매체를 옮겨 갔을 뿐 존재의 가치는 전혀 축소되지 않았다. 차라리 화면 속의 글은 지난 시절보다 훨씬 대중적이며 접근이 용이하게 되었다.

과거, 편지지나 엽서에 채워져 수많은 공정을 거쳐야만 수신되던 이야기들은 이제 그 종류를 헤아릴 수 없을 만큼 다양해진 메신저를 통해 거의 실시간으로 전달된다. 일기장에 씌어져 비밀리에 보관되는 개인의 소중한 일상들 역시 전 세계 누구나 접근할 수 있는 SNS의 공간에 기록되어져 있다. 그 뿐인가? 신문을 통해 일방적으로 전달되던 수많은 세상사에 관해서도 우리는 언제든 비판적 댓글을 전달할 수 있으며 관심 있는 분야에 관해서는 전문가 못지않은 정보를 블로그에서 공유할 수 있다.

바야흐로 컴퓨터의 기본적인 사용법만 알고 있으면 이제 누구나 글을 쓸 수 있고 언제든 책을 만들 수 있는 세상이 되었다. 서점이나 도서관을 가득 채우고 있는 종이로 만들어진 책만을 책이라고 부를 수 없는 시대이다. 종이든 화면이든 기록된 글만 있다면 그것이 곧 책이 된다. 그러므로 책의 저자가 되는 일은 결코 멀리 있는 일이 아니다. 무언가에 관심을 가지고 관찰하고 연구한 것들을 기록하고 보존하고 싶은 욕구만 있다면 누구나 '저자'가 될 수 있으며 우리는 그러한 시대를 살아가고 있다.

한편 지식의 생산, 유통, 소비는 매체와 밀접한 관련이 있다. IT 미래학자인 니콜라스 카(Nicholas Carr)는 "인터넷이 우리의 뇌구조를 바꾸고 있다"(《생각하지 않는 사람들》, 2010)라며 매체의 중요성을 강조한다. 그는 매체의 변화가 인간의 사유 체계까지 변화시킨다는 것이라 주장했다. 그의 말처럼 인터넷을 비롯한 여러 디지털 매체는 강력한 자장으로 이전의 인류가 구축한 지식 체계와 삶의 방식을 뒤흔들며 지식과 문화를 재편한다. 인터넷의 검색 시스템은 지식과 정보를 감각적이고 단편적, 주관적으로 접근하게 만든다.

과거 농경사회나 산업사회는 지식의 양과 정확도가 평가의 기준이었다. 그러나 지금처럼 지식과 정보가 넘쳐나는 시대는 지식 활용 능력과 지식을 재창조하는 능력이 중요하다. 인터넷 상에 날마다 올라오는 지식과 정보는 많은 문제를 안고 있다. 첫째, 불특정 다수의 사람들이 올리는 정보의 참과 거짓을 가리기 어렵다. 검증되시 않은 불확실한 정보가 오히려 혼란을 가중시키고, 검증되지 않은 정보로 인해 피해를 입어도 책임을 물을 수도 없다. 둘째, 정보의 폭주는 뇌의 과부하를 가져와 기억되거나 저장되지 않고 흘러가 버린다. 인간의 뇌는 기억용량이 한정적이다. 그런데 날마다 쏟아지는 많은 정보를 폭식하다 보면 인간의 뇌는 정보를 정리하지 못하고 지쳐버린다. 셋째, 인터넷에 떠도는 수많은 정보는 낱낱의 부유하는 알맹이에 불과하다.

하나의 정보가 지식으로서 가치를 지니려면 재가공의 단계를 거쳐야 한다. 첫 번째 단계로 수많은 정보 가운데 내게 필요한 정보를 골라내어야 한다. 그런 다음 선택한 정보를 분석하고 분류하는 과정을 거친다. 마지막으로 골라낸 정보를 재가공하여 새로운 지식으로 재창조하는 최종 단계에 이른다. 이러한 전 과정에서 필요한 능력이 논리적 사고력이다. 사고력이 바탕이 되지 않으면 아무리 많은 정보를 읽더라도 일회성 소비에 머물고 만다. 또한 주어진 문제 상황을 잘 파악하고, 그에 맞는 해결책을 스스로 찾아가는 창의적 문제 해결 능력도 사고력이 뒷받침 되어야 한다. 구체적으로 말하자면 이해력과 비판적 사고력, 창의력과 통합적 사고력이다.

'구슬이 서 말이라도 꿰어야 보배'라는 속담이 있다. 구슬이 낱낱의 정보라면, 꿰는 기술은 바로 사고력과 글쓰기 능력이다. 생각하는 능력과 수집된 정보를 다시 글로 써내는 능력을 갖추지 못하면 아무리 많은 정보가 있어도 소용없다는 말이다. 단편적인 지식과 정보를 아는 것은 아무런 의미가 없다. 지식을 활용하여 창의적으로 문제를 해결하고, 지식 소비자에서 지식 생산자로 진화할 수 있을 때 지식과 정보는 비로소 가치를 지니게 된다. 정보의 선택과 이해, 사고의 과정을 통한 발효, 지식의 활용이나 재창조를 통한 표현의 전 과정을 학습하고 훈련해야 한다. 내가 알고 있는 지식과 정보를 재가공하고 나의 글로 표현했을 때 온전히 지식을 활용하고 재창조의 과정에 도달했다고 말할 수 있다.

스마트폰의 등장 이후 '생각하지 않는 사람들'이 증가하고 있다. 게임 중독과 은둔형 외톨이, 충동적 범죄, 명상과 사색의 실종, 집중력 저하 등 인터넷의 그림자가 우리의 삶에 짙은 그늘을 만든다. 특히 사고력의 약화는 인간으로서 품위와 삶의 질을 떨어뜨리는 요인이기도 하다. 새로운 매체의 등장은 인간의 삶을 편리하게 해주고, 새로운 세계를 열어준다. 그러나 매체를 인간이 주체적으로 활용하지 못하면 반대로 매체에 지배당하게 된다. 디지털 매체가 인간에게 가져다준 빛과 그림자를 제대로 인식했을 때 우리 인류의 삶은 더 행복해질 것이다. 글쓰기가 바로 정보와 매체를 지배하는 큰 힘을 만드는 초석이 될 것은 자명하다.

3. 좋은 글쓰기의 요건

대학에서 학문적 성취를 이루어내기 위해서는 선택한 전공과 교양에 관련된 많은 책을 읽고 자신에게 필요한 정보를 새로운 시각으로 정리할 수 있어야 하며, 그 정리된 내용은 논리적인 사고와 정확한 문장으로 표현되어야 한다. 다시 말해 대학생이 갖추어야 할 좋은 글쓰기의 능력은 필요한 정보를 수집하고, 그것을 새로운 시각으로 정리하여, 논리성을 갖춘 정확한 내용과 문장으로 표현하는 것이다.

1) 정보력

논문은 학문의 범주 안에서 가장 수준 높은 글이라고 할 수 있다. 대부분의 학자들이 공감하는 바이지만, 논문을 쓰기 위해 우선 준비해야 하는 것은 자료를 수집하는 일이다. 좋은 자료를 많이 수집하고 그것을 체계적으로 정리하는 능력이 곧 학자가 가지고 있는 정보력이다. 마찬가지로 좋은 글을 쓰기 위해서는 우선 정보를 수집하는 일에 게으름이 없어야 한다. 자료를 찾지 않고 쓰는 글은 그 표현과 정보의 범위가 편협할 수밖에 없다. 말하자면 우선 알아야 쓸 수 있다.

또한 이 자료를 찾는 과정이 곧 사고력을 넓히는 공부가 된다. 막연한 정보의 수집은 의미가 없다. 자신이 쓰고자 하는 글의 주제에 어울리고 필요한 자료를 선별하는 능력도 연습을 통해 발전시켜야 한다. 이러한 능력을 발전시키기 위해서는 도서관과 친해져야 한다. 인터넷을 통해 필요한 정보를 쉽게 찾을 수도 있지만 그것은 대단히 얕은 지식이 될 확률이 높다. 일차적으로 인터넷을 통해 여러 자료의 목록을 확인한 다음에는 도서관에서 그 자료의 출처를 확인해 깊이 있는 공부를 시도하는 것이 중요하다.

2) 논리력

인간에게 논리가 필요한 이유는 결국 상대를 설득하기 위해서이다. 논리 없는 주장은 억지가 된다. 자신의 주장을 관철시키기 위해 모두가 억지를 쓰는 사회는 분쟁의 연속일 수밖에 없다. 상대를 수긍시키는 힘이 바로 논리인 것이다. 이는 말과 글 모두에 해당되는 사실이지만 말보다 글에 훨씬 엄격한 논리력이 필요하다.

글 속에서 이러한 논리력을 높이기 위해서는 글의 구성력을 높여야 한다. 논리적인 글은 건축에 가깝다. 설계도 없이 집을 지을 수 없듯이 탄탄한 짜임새를 가진 글은 반드시 구성이 필요하다. 글을 통해 내가 말하고자 하는 최종적인 목표에 도달할 기반을 마련하지 않으면 글의 설득력이 떨어진다. 가끔 글을 읽으며 이런 생각을 해 본 적이 있을 것이다. '왜 핵심만 간단하게 말하지 않고 이토록 많은 사례와 의견을 먼저 내세우는 것일까?' 물론 핵심만 간단히 말하는 것도 필요에 따라서는 중요한 설득의 방법이 되기도 한다. 하지만 한 사안의 핵심만 던졌을 때 그것을 이해하지 못하거나 혹은 그 핵심적인 의견에 반대하는 다른 의견에 부딪칠 수도 있다. 그때 필요한 것이 바로 논리력이다. 논리적이기 위해서는 그것을 뒷받침할 만한 다른 근거를 가져와야 하기 때문에 그 내용이 길어질 수밖에 없다. 그렇다고 필요한 정보를 모두 제시하자는 것은 아니다. 꼭 필요한 사례와 의견, 그리고 그 자료들을 생략하지 않고 축소해서 보여줄 수 있는 능력이 좋은 글에는 필요하다.

3) 정확성

좋은 글이 가져야 요건 중 정확성은 두 가지 사안을 포함하고 있다. 그 두 가지는 바로 내용의 정확성과 문장의 정확성이다. 글이란 말에 비해 보존성과 확장성이 높다. 말하자면 글은 하나의 기록으로 남는다. 그러므로 글을 쓰는 사람은 그 글에 책임을 져야 한다. 잘못된 정보나 틀린 기록을 글로 남기면 저자의 지식에 대한 공신력이 깨진다. 또한 문장도 마찬가지다. 글은 엄격한 문법의 적용을 받는다. 특히나 그 글이 많이 이들에게 공식적으로 공개되는 성격을 가지고 있다면 작은 맞춤법 하나도 소홀해서는 안 된다.

글의 정확성을 높이는 가상 좋은 방법은 바로 '수정'이다. 흔히 퇴고라고도 하는데, 아무리 좋은 작가라고 해도 단숨에 완벽한 글을 쓰는 사람은 없다. 우리가 읽는 대부분의 책은 바로 여러 번의 수정을 거친 글이다. 글을 써 본 사람은 모두가 공감하지만 초고를 쓰는 것보다 고치는 것이 훨씬 더 힘들다. 하지만 이 과정 없이 무작정 글을 발표해서는 후에 큰 곤욕을 치르게 된다. 귀찮고 힘든 과정이기는 하지만 좋은 글은 내용의 옳고 그름을 확인하고 문장을 다듬는 과정 속에 완성된다는 사실을 절대 잊어서는 안 된다.

4) 창의력

자주 쓰는 말이지만, 따지고 보면 '이름 없는 풀꽃'은 매우 무책임한 표현이다. 우리가 길거리에서 보는 대부분의 풀꽃은 이름을 가지고 있다. 또한 깊은 산 속 바위틈에 홀로 피어난 풀 한 포기 역시 거의 자신만의 이름을 가지고 있다. 다만 우리가 모르고 있을 뿐이다. 말하자면 '이름 없는 풀꽃'이 아니라 '이름 모를 풀꽃'이라고 말해야 옳다. 그만큼 하늘 아래 새로운 것은 없다는 뜻이다. 우리가 일상 속 혹은 학문적으로 쓰는 '창의력'이란 말은 하늘 아래 없는 것을 창조하는 능력을 말하지 않는다.

이는 글을 쓸 때도 마찬가지다. 인간은 고래(古來)로부터 수많은 글을 썼고 그 과정 중에 형용할 수 없이 많은 표현을 만들어 왔다. 인터넷까지 발달되어 세상의 수

많은 정보가 공개되어 있는 현대 사회에서 '새로움'이라 존재하지 않는다고 해도 과언이 아니다. 그렇다면 글에서 보이는 '창의력'은 무엇을 의미할까? 그것은 '색다른 시선'을 글로 옮기는 능력이라 말할 수 있다. 같은 대상도 다르게 보고 평이하지만 더 공감할 수 있는 표현을 사용한 글이 창의적인 글이다. 있는 그대로 글을 쓰는 것은 불가능하다. 아무리 단순한 대상, 좁은 공간이라고 해도 대상이 가진 모든 요소를 글로 옮길 수는 없다. 글은 '있는 대로' 쓰는 것이 아니라 '본 대로' 써야 한다. 본다는 것은 글쓰는 사람의 주관을 말한다. 표면만 보는 것이 아니라 이면도 살피고 그것을 추리해야 한다. 정면만 보는 것이 아니라 위, 아래 측면 그리고 내부까지 살필 때 더 정교한 글이 만들어진다. 새로운 것이 없는 시대에서 창의적인 글을 쓰기 위해서는 시선을 다르게 하는 능력을 키워야 한다. 사실 이런 능력은 대단히 많은 연습을 필요로 하는 것이 아니다. 글을 쓸 대상을 천천히 살펴보는 것만으로도 충분하다.

강의실에서 글쓰기 강의를 하다보면 소재가 주어지자마자 대뜸 글을 시작하는 학생들을 많이 보게 된다. 관찰 없이 글을 쓰기 시작하면 분명 어디선가 본 듯한 뻔한 내용을 만들게 된다. 뻔한 내용의 글은 가치가 없다. 가치란 흔하지 않은 무언가를 담고 있을 때 만들어지는 법이다. 특히나 문학적 글쓰기를 꿈꾸는 사람이라면 일상 속 소재가 가지고 있는 일종의 '틈'을 찾아내는 일에 주목해야 한다. 일상은 잘 짜인 구조 속에서 돌아가는 것 같지만 실상 그 속에는 수많은 부조리가 존재하기 때문이다.

능력 높이기 1

본인이 생각하는 좋은 글을 소개하고 그 근거를 제시해 보자.

능력 높이기 2

감명 깊게 본 서사물(영화, 연극, 드라마)을 선정하고 자신이 그 작품 속에서 최고라고 생각하는 명장면을 골라 글로 옮겨 보자.

02
Chapter

글쓰기의 절차

학습목표

1. 마인드맵/브레인스토밍을 통해 창의적인 내용을 떠올린다.
2. 다양한 매체를 통해 신뢰성 있는 자료를 찾는다.
3. 중심 생각이 잘 드러나게 문단을 나눈다.
4. 알맞은 서술방식과 다양한 수사법을 사용하여 표현 효과를 높인다.

1. 내용 생성

글쓰기 과정에서 가장 중요한 것은 자신의 생각이나 감정을 끌어내는 일이며, 글을 쓰기 위해 아이디어를 떠올리고 수집하는 활동인 내용 생성이다. 내용 생성하기의 목표는 '내용의 풍부화'라 할 수 있다. 글을 쓰는 과정에서 필자가 체험이나 독서를 통하여 아무리 많은 지식이나 정보를 보유하고 있다고 할지라도, 그것을 활용할 수 없다면 내용 생성에는 쓸모없는 것이 된다. 따라서 글의 내용을 생성하는 데 있어서 가장 중요한 일은 창의적 사고를 통하여 자신의 경험이나 지식을 최대한으로 활용하는 일이라고 할 수 있다. 그러므로 내용 생성하기에서 지식과 경험을 최대한 활용하여 글의 주제와 관련되는 독창적인 내용을 생성하도록 하는 것이 무엇보다 필요하다.

내용 생성 단계는 필자가 자신의 생각을 조직하고 배열하기에 앞서 쓰고자 하는 내용을 찾는 과정이다. 대개의 경우 자신의 경험, 지식, 생각을 바탕으로 쓸 내용을 생성하기 때문에 특별히 정보를 따로 모으지 않는 한 글을 쓰는 사람의 기억 속에 들어 있는 것들이 대부분인 경우가 많다. 그런데 기억 속에 있는 것들로 글을 쓰려고 할 때 아이디어가 쉽게 떠오르지 않는 경우가 빈번하므로 대부분은 어려움을 겪는다. 따라서 다양한 아이디어를 찾을 수 있는 창의적인 활동이 필수적이다. 창의적인 사고 활동은 평소에 떠오르지 않던 발상을 할 수 있도록 도와 글에 쓰일 소재를 풍부하게 해주고 글을 쓰기 위한 동기를 유발시켜 주므로 매우 중요하다.

막상 글을 쓰려면 쓸 내용이 떠오르지 않는 것은 아이디어 생성 과정을 소홀히 하여 왔기 때문이다. 아이디어의 발견은 글쓰기에서 인지적 과정으로서 중심적인 역할을 한다. 이 과정은 관찰하는 과정이며 자료들을 수집하는 과정이다.

독창적인 글을 쓰기 위한 과정으로 자료 찾기, 마인드맵/브레인스토밍, 개요도 작성의 과정을 거쳐서 창의적 글쓰기를 해보자.

1) 자료 찾기

글을 쓸 대상과 주제가 정해졌다면 먼저 자료 수집이 이루어져야 한다. 자료를 찾는 방법에는 크게 직접 조사와 문헌 조사가 있다. 직접 조사에는 설문 조사와 대면 조사가 있으며, 문헌 조사에는 도서관 자료 조사와 전자 도서관 자료 조사가 있다. 도서관 자료는 시간과 비용의 절감 측면에서 전자 도서관 이용이 경제적이다. 전자 도서관(electronic library)은 디지털 도서관(digital library), 가상 도서관(virtual library), 하이퍼 도서관(hyper library), 열린 도서관(open library) 등으로 부르기도 한다. 이는 기존의 도서관이 갖고 있는 매체 정보를 수집, 조직, 검색 등을 전자화하여 운영하는 시스템이다.

전자 도서관은 정보의 시장으로서 정보 검색 및 통합이 용이하고 고속이다. 전산화 초기에는 도서관의 단말기에서만 목록 자료의 검색이 가능했으나 인터넷의 발달로 어느 곳에서나 원하는 자료의 검색이 가능하다. 문자 외에도 화상, 음성, 동영상 등 멀티미디어 정보의 전달도 가능하고 방대한 양의 정보를 체계적으로 관리하여 제공하고 있으며 사용 방법도 간편하다.

이외에도 인터넷 자료 조사와 신문 자료 조사가 있다. 보통 인터넷 자료 조사는 개괄적으로 이해하거나 참고만 하는 것이 좋다. 자료는 무엇보다도 신뢰성이 확보되어야 하기 때문이다.

여기에서는 주요 전자도서관 검색 사이트를 소개하고자 한다.

- 국립중앙도서관(http://www.nl.go.kr)
- 국가전자도서관(http://www.dlibrary.go.kr)
- 국회도서관(http://www.nanet.go.kr)
- 학술연구정보서비스(http://www.riss.kr)
- 누리미디어(http://www.dbpia.co.kr)

이들 사이트에서는 학위논문, 국내학술지논문, 단행본, 공개강의, 연구보고서 등의 방대한 자료들을 데이터베이스화하여 PDF 파일로 무료, 기관내 무료, 유료로 원문을 제공하고 있다.

(1) 국립중앙도서관

(2) 국가전자도서관

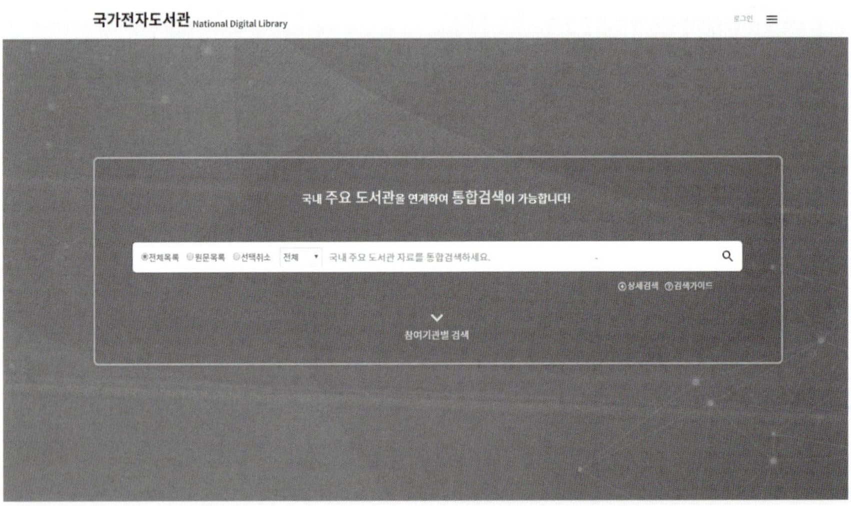

(3) 국회도서관

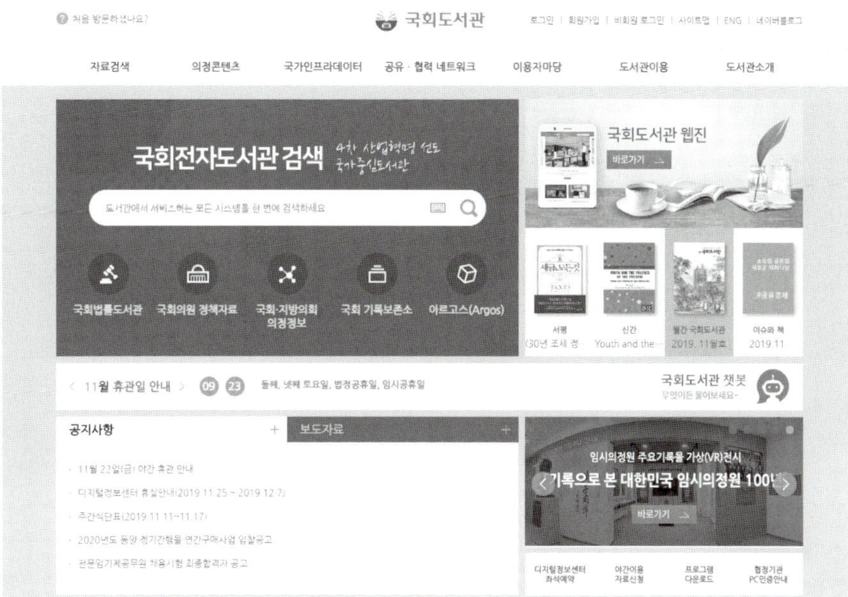

(4) 학술연구정보서비스(RISS)

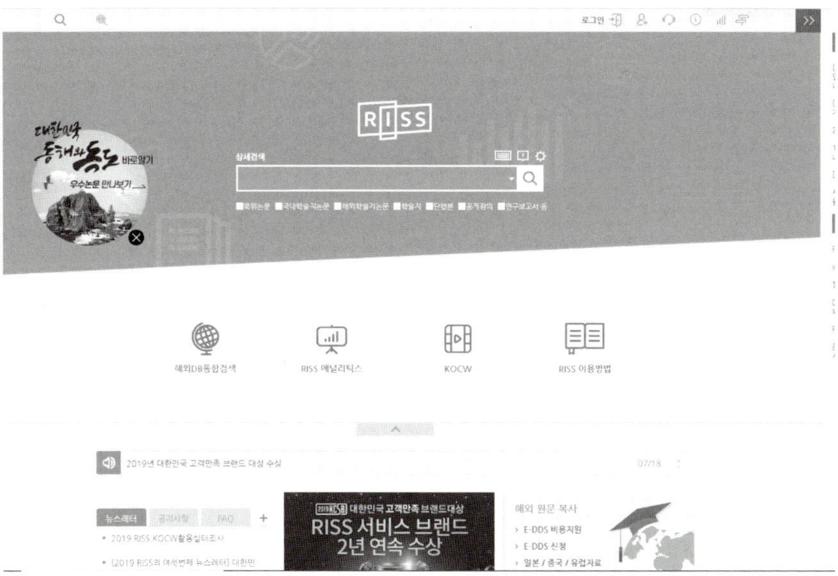

(5) 누리미디어

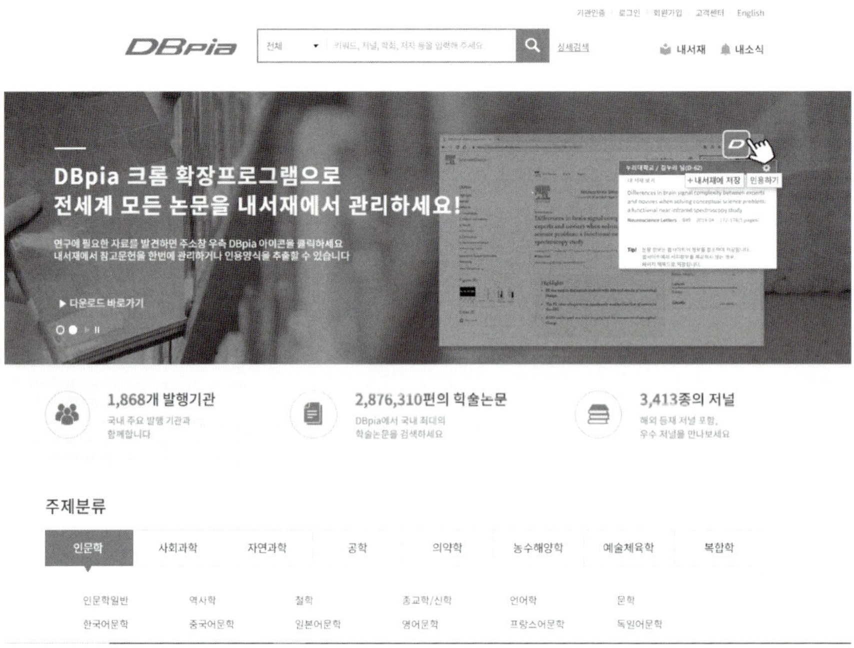

2) 창의적 내용 생성하기(마인드맵 / 브레인스토밍)

인류 문화의 역사에서 사고의 힘, 그 중에서도 창의적인 사고의 힘은 무엇보다도 중요하다. 인간이 하는 일에 있어서 창의적으로 사고하는 능력은 모든 문화의 기초가 되는 것이다. 현재 우리가 누리는 높은 생활 수준 역시 모두 창의적 사고력을 통해 이룩된 것이다.

마인드맵과 브레인스토밍 기법은 창의적 사고력 증진 교육의 한 실제적인 방법으로서 논리적 사고에 의존하지 않고 자신의 아이디어를 자유롭게 제시하게 한다. 이는 다른 사람에 대한 비판도 자제할 줄 아는 사고 기술을 학습하는 기법으로서 여러 나라에서 가장 많이 활용되고 있는 방법이기도 하다.

(1) 마인드맵

마인드맵은 '생각 그물' 만들기로서 마음 속에 넘쳐흐르는 사고력과 상상력, 읽고 생각하고 분석하고 기억하는 모든 정보를 자기 자신만의 독특한 이미지와 핵심 단어, 색상 및 상징적 부호 등으로 자유롭게 펼쳐 보고, 독창적이고 종합적인 구조로 조직화해서 다양한 방식으로 표현하는 것을 말한다. 브레인 스토밍이 자유 연상의 형태라면 마인드맵은 유형적 사고법에 속한다.

마인드맵은 1970년 영국의 심리학자인 토니 부잔(Tony Buzan)이 두뇌 이론을 바탕으로 기억력을 향상시킬 수 있는 방법으로 개발한 학습 기법이다. 이 기법은 이미지와 핵심어, 그리고 색과 부호를 사용하여 좌뇌와 우뇌의 기능을 유기적으로 연결함으로써 두뇌의 기능을 최대한 발휘할 수 있는 사고력 중심의 두뇌 계발 프로그램으로서 21세기 지식정보화 사회에 적합한 사고법이라고 할 수 있다.

그동안 국내에서는 교육 현장에서 마인드맵을 활용하여 학습 효과에 긍정적인 영향을 끼치는 결과들이 나오면서 창의성 신장과 학업 성취의 측면에서 교육 및 연구들이 이루어져 왔다.

마인드맵 구조는 첫째, 주제는 중심 이미지에서 구체화한다. 둘째, 주요 가지는 중심 이미지에서 나뭇가지처럼 뻗어나간다. 셋째, 가지들은 결합된 선상에서 핵심 이미지와 핵심어로 구성되어 있다. 덜 중요한 주제는 더 높은 가지에 연결되어 있는 것처럼 주요 주제에 연결되어 있다. 넷째, 가지는 마디가 서로 연결되어 있는 듯한 구조를 취한다. 마인드맵은 거미줄과 같은 형태일 수도 있고, 나무 모양이나 기차 모양과 같은 다양한 형태를 취할 수도 있다. 그렇다고 아무 형태라도 상관없다는 것은 아니며 글의 주제에 따라 좀 더 적합한 형태를 취하는 것이 좋다.

〈마인드맵 작성 방법〉

① 주제명 기입

② 작성하고자 하는 중심 내용 그림

③ 중심 이미지 작성 – 가지치기

④ 시계 방향으로 작은 가지를 만든 후, 주제와 관련된 내용을 정리

⑤ 작은 가지가 만들어진 후, 해당 내용을 오래 기억할 수 있도록 그림 보충

〈마인드맵 작성 7가지 원칙〉

① 종이의 중심에서 시작한다.

② 중심 생각을 나타내기 위해 이미지나 사진을 이용한다.

③ 전체적으로 색깔을 사용한다.

④ 중심 이미지에서 주가지로 연결한다. 주가지의 끝에서부터 부가지로 연결한다. 그리고 부가지의 끝에서 세부가지를 연결한다.

⑤ 구부리고 흐름 있게 가지를 만든다.

⑥ 각 가지 당 하나의 키워드만을 사용한다.

⑦ 전체적으로 이미지를 사용한다.

〈마인드맵 예시 1〉

〈마인드맵 예시 2〉

제목	인간들로 인한 자연과 동물들의 분노를 표현한 〈모노노케 히메〉
주제	생각하고 행동하자

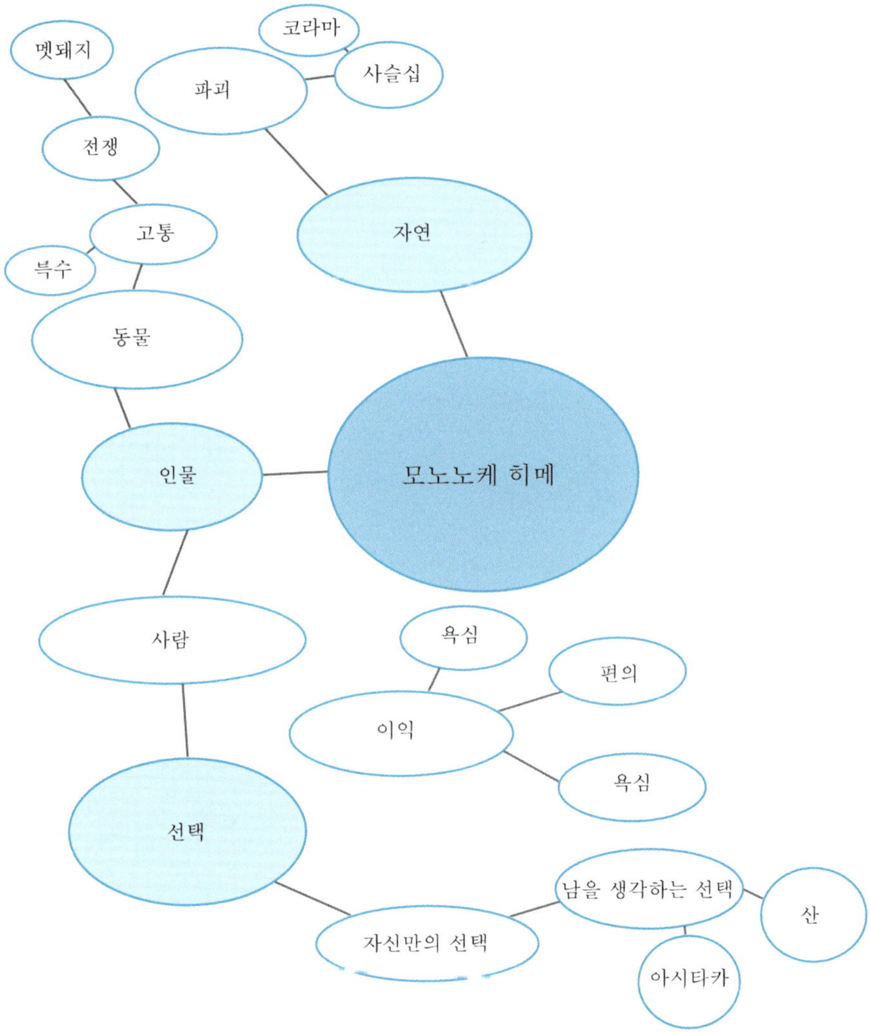

〈마인드맵에 따른 글쓰기 : 학생글-예시〉

제목	인간으로 인해 자연이 받는 고통을 잘 표현한 〈모노노케 히메〉
주제	앞으로 자연과 인간의 공존을 위해 자연을 존중해야 한다.

지브리하면 자연과 인간이라는 키워드가 가장 먼저 떠오른다. 다른 애니메이션 스튜디오와 다르게 자연과 인간을 주제로 한 작품들이 많다. 주로 '자연을 보호하자', '탐욕에 눈이 멀지 말자 '와 같은 교훈들을 준다. 미야자키 하야오는 연령대별로 자신의 작품을 어떻게 받아들일지에 대해 생각을 많이 한다고 말했다. 감독은 인간으로 인해 고통받는 자연을 표현하기 위해 애썼다.

영화는 에미시 일족의 마을을 덮치는 재앙신을 막으려던 아시타카가 저주에 걸리게 되면서 시작한다. 아시타카는 자신의 저주와 재앙신과 같은 일들의 원인을 찾기 위해 여행을 떠난다. 한 마을에 머물게 되면서 여러 가지 일을 하게 되고, 마을의 역사에 대해 알게 된다. 마을을 떠나려다 인간을 증오하는 마음에 가득한 여자아이 산을 만나게 된다. 그리고 불로불사의 능력을 갖춘 시시가미의 목을 노리던 마을 족장 에보시는 목을 베어 갔고, 이에 분노한 시시가미가 마을과 숲을 황폐화한다. 자신들의 영역을 훼손한 것에 화가 난 동물신들과 숲을 차지하려는 마을 사람들이 전쟁을 벌이게 되고, 아시타카와 산은 그 전쟁의 중심이 된다. 자신을 버린 부모로 인해 인간을 증오하던 산은 아시타카가 싸움을 말리려고 노력하는 모습을 본 후 인간과 조금 더 가까워지게 되고, 에보시도 자연의 파괴를 최소화하면서 더 좋은 마을을 만들겠다고 약속한다. 모노노케 히메는 다른 애니메이션들처럼 극적인 해결로 끝나는 게 아니라 더 나은 세상을 위해 노력하려는 등장인물들의 모습을 강조한다. 하루아침에 모두에게 좋은 세상으로 바뀌는 것이 아니라, 작은 노력이 쌓이면서 서서히 세상이 변해가는 것을 보여준다. 이를 통해서 우리에게 갑자기 자연보호를 위해 큰 노력을 하려고 하지 말고 할 수 있는 것부터 차근차근 바꿔나가야 한다는 걸 알려준다. 그리고 그 사소한 변화와 노력이 더 좋은 세상을 만들어준다는 것을 깨닫게 한다.

이 작품을 보면 선과 악에는 뚜렷한 경계가 없다는 것을 알 수 있다. 보통 선의 역할인 자연과 그것을 훼손하고 침범하는 악의 역할인 인간이 나오지만 여기서는 그렇지 않다. 이를 통해서 자연만을 위해서 영화를 만든 게 아니라 인간과 자연 모두를 위해 만들었다는 것을 알 수 있다. 감독이 인터뷰에서 말했듯이, 인간과 자연 모두 살아갈 권리가 있다. 물과 나무뿐만 아니라 해충과 들짐승도 살아가고 존중받을 권리가 있다. 그러므로 우리는 앞으로 그저 생존과 욕심 때문에 자연을 해하려 하지 말아야 한다. 자연을 이해하고 존중하면서 자연과 인간이 공존해야 한다.

(2) 브레인스토밍

내용 생성하기 전략으로 가장 많이 활용하는 것으로 브레인스토밍이 있다. 브레인스토밍이란 어떤 특정 문제나 화제 혹은 주제에 관한 아이디어를 창출하기 위해 사용되는 방법으로 상상력, 융통성 그리고 토론 능력을 강화하기 위한 기술이다. 이는 거의 모든 주제 범위와 상황에서 편리하게 이용될 수 있는 문제 해결을 위한 아이디어 생성 방법이다.

현대 사회에서 창의성은 교육에 있어서 중요한 의미를 지닌다. 따라서 창의성 교육을 위한 다양한 방법들이 개발되지만 학생들의 잠재된 역량을 제대로 끄집어내거나 충족시키지 못하는 것이 사실이다.

브레인스토밍은 미국에서는 Brainwashing라고도 부른다. 브레인스토밍(Brainnstorming)은 미국의 BBDO(Batten Barton Durstine and Osborn) 광고업자인 알렉스 오스본(Alex Osborn)이 창안한 회의 방식의 집단 사고방식으로서, 생각나는 아이디어를 짧은 시간 안에 많이 밖으로 내놓는 발상법이다. 이 발상법은 여러 사람이 모여 한 문제에 대하여 아이디어를 공동으로 내놓는 아이디어 회의에 유용하게 사용된다. 현재까지 집단 사고로 가장 많이 사용하고 있으며 가장 대표적이고 보편적인 발상법의 하나로 인식되고 있다. 또 교육에 있어서 창의력 신장을 위한 기법으로 이를 확산적 사고, 발산적 사고로 분류하는 경우도 있다.

브레인스토밍은 우리나라에서는 두뇌 폭풍, 두뇌 풀기, 두뇌 선풍, 자유 연상 등으로 번역되어 사용하고 있다. '두뇌에 충격을 가한다'는 것이 본래 의미지만 '서로 갖고 있지 않은 사고나 개성을 보완하고자 하는, 집단으로 행하는 아이디어 창조 방법'이다.

〈브레인스토밍의 4가지 규칙〉

① **비판과 평가 금지 추구** : 아이디어들이 충분한 숫자만큼 생성될 때까지 아이디어의 형성에 제한을 두지 않는다. 아이디어의 옳고 그름에 대한 판단은 새로운 아이디어의 흐름을 차단하기 때문에 독창적인 아이디어가 발상되는 것을 억제한다. 참가자의 언어적인 평가는 물론 비언어적인 평가도 보류되어야 한다.

② **자유분방 추구** : 자유분방한 아이디어로 폭넓게 발상되는 아이디어는 더 나은 질의 아이디어를 자극한다. 마음 속에 떠오르는 아이디어가 비록 미숙하고 공상 또는 환상과 같은 것이라 할지라도 이를 자유롭게 표현할 수 있는 분위기를 중요시한다.

③ **많은 양의 아이디어 추구** : 아이디어의 수가 많으면 많을수록 유용한 아이디어가 나올 가능성이 더 많다. 질 높은 아이디어보다는 많은 양의 아이디어가 더 중요하다.

④ **결합과 개선의 추구 :** 이미 발상된 한두 가지 아이디어가 집단 구성원들에게 훨씬 더 많은 양의 다른 아이디어도 촉발시킬 수 있다. 타인의 아이디어에 착안하여 자신만의 아이디어를 생각해 내는 것이다.

〈브레인스토밍 6단계〉

① 1단계 : 생각 쌓기 – 주어진 문제에 대해 생각하고 정의를 내려 새로운 아이디어 생성에 필요한 배경 지식을 쌓는 활동을 한다. 개별, 모둠별 의견을 들어보도록 하여 고정된 생각에서 벗어날 수 있도록 한다.

② 2단계 : 생각 열기 – 생각 쌓기의 브레인스토밍을 통해 앞 단계에서 가졌던 생각이나 느낌을 구체화하여 창조적인 표현을 할 수 있는 아이디어 생성이 이루어지는 단계이다. 교수자는 어떤 아이디어도 인정해줌으로써 보다 많은 아이디어를 생산할 수 있도록 도와준다.

③ 3단계 : 선택 결합하기 – 생각 열기의 브레인스토밍을 통해 생성한 아이디어들 중 표현하고자 하는 주체와 의도가 적당한지 따져보고 선택하며 단순한 아이디어를 결합하여 새로운 형태의 아이디어를 만드는 단계이다. 자유분방함 속에서 다양한 생각을 할 수 있도록 인정하며 더 많은 생각을 할 수 있도록 브레인스토밍하고 그런 생각들을 새롭게 조합하여 개선해 나가도록 이끌어 가야 한다.

④ 4단계 : 변형하기 – 계속해서 관찰을 통해 만들어진 아이디어를 화면에 배치하고 수정해 보며 대상의 용도나 형태 등을 일반적인 것과 다르게 생각하는 단계이다. 교수자는 개개인에 맞춰 사고를 변화시키고 적용할 수 있는 융통성이 필요하다.

⑤ 5단계 : 표현하기 – 지금까지 선택, 결합, 변형 단계를 거치며 브레인스토밍한 것을 완성하는 단계이다. 교수자는 표현에 간섭을 하지 않고 주의 깊게 관찰하면서 생성 과정에 맞게 도와준다.

⑥ 6단계 : 감상하기 – 새로운 글을 서로 감상, 평가해본다. 작품 속에서 아름다움을 발견하고 분석해 봄으로써 창의적인 글쓰기 수업이 된다.

브레인스토밍의 교육적 기능은 첫째, 모든 참가자가 다 같이 동일한 입장에서 하고 싶은 말을 다할 수 있도록 보장되기 때문에 정서적 안정감이 길러진다. 둘째, 성취감을 맛볼 수 있는 기회가 많기 때문에 열등감이 줄어들고 긍정적 자아 개념이 형성되어 적극적인 생활을 할 수 있게 된다. 셋째, 다른 사람의 의견을 경청하는 태도가 길러짐으로써 원만한 인간관계를 형성하게 된다. 넷째, 항상 새로운 문제를 탐구하며 새로운 지식과 경험을 얻기 위해 노력하는 태도가 길러진다.

〈브레인스토밍의 장점〉

① 주제의 다양성(Variety of subject)

② 시너지 효과(Synergy effect)

③ 표현의 자유(Freedom of speech)

④ 효율적 시간 관리(Time management)

〈브레인스토밍의 단점〉

① 산출 방해(Production blocking)

② 평가 불안(Evaluation apprehension)

③ 무임승차 / 태만(Free riding/Social loafing)

④ 시간 낭비(Wasting time)

〈브레인스토밍의 예〉

〈학교〉

공부, 사물함, 음악실, 미술실, 선생님, 교실, 칠판, 책상, 마루, 국어책, 운동장, 태극기, 정문, 떡볶이, 실내화, 도서관, 분필, 연필, 필통, 철봉, 과학실, 지우개, 친구, 급식, 책가방, 교과서, 방송실, 노래, 훈화 말씀, 방과 후, 야자, 심자, 시험, 눈물, 졸업식, 개학식, 떨리는 마음, 꽃다발, 짝, 추억, 교장선생님, 수위실, 월장, 축구, 중간고사, 기말고사, 폭력, 근신, 정학, 욕설, 컴퓨터, 왕따, 무시, 비속어, 교육, 표준어, 책, 칼, 금, 선배, 후배, 수돗물, 밀대, 토론, 경시대회, 수행평가, 동아리, 교수님, 리포트, 과사무실, 졸업논문, 입학, 졸업, 휴강, 대출, 전자출석, 수강신청, 장바구니, 총장, 처장, 모꼬지, 노래방, 휴강, 방학, 취직, 장학금, 보강, 계절학기, 학점, F, 권총, 글쓰기, 클리닉, 대리출석, 1교시, 밤샘, 종강, 조별 수업, 소개팅, 미팅, 지각, 조퇴, 상장, 기숙사, 매점, 학식, 경비원

3) 개요도 작성하기

글쓴이의 해석과 주장이 효과적으로 전달되기 위해서는 일목요연한 과정을 거쳐야 되는데, 이 때 반드시 거쳐야 하는 과정이 개요(outline) 작성하기이다. 개요는 흔히 건물의 설계도에 비유한다. 설계도 없이 건물을 지을 수 없듯이 개요를 작성하지 않고는 글을 쓸 수 없다. 개요 작성은 문맥의 혼란과 탈선을 방지하고 먼저 생각했던 내용을 잊어버리는 것을 막아주며 내용의 중복을 피하게 하고 문장 전체의 균형을 잡는 데 필수적 과정이다. 즉, 개요를 작성하면 글의 전체와 부분, 부분 상호간의 균형이 이루어져 짜임새 있는 글을 쓸 수 있다. 더 나아가 개요 작성의 과정에서 체계적인 조직력과 사고력이 길러지며, 글 전체의 요점을 정리하고 파악하는 데 도움을 준다.

개요를 작성할 때에는 글의 제목과 주제문을 작성하고, 모든 항목에 번호를 부여하며, 상위 항목과 하위 항목의 번호도 구별해야 한다. 또 동일 계열의 항목은 서로 대등한 관계를 유지하고, 상위 항목의 내용은 하위 항목의 내용을 포괄할 수 있어야 한다. 이를 토대로 작성한 개요의 형태는 다음과 같다.

제목 :

주제문 :

Ⅰ. 서론

1. 부주제(중심 주제에 관한 중요한 내용)
2. 부주제(중심 주제에 관한 중요한 내용)

Ⅱ. 본론

1. 부주제
    1) 세부 사항(부주제를 뒷받침하는 내용)
    2) 세부 사항(부주제를 뒷받침하는 내용)
2. 부주제
    1) 세부 사항(부주제를 뒷받침하는 내용)
    2) 세부 사항(부주제를 뒷받침하는 내용)
3. 부주제
    1) 세부 사항(부주제를 뒷받침하는 내용)
    2) 세부 사항(부주제를 뒷받침하는 내용)

Ⅲ. 결론

(1) 개요 작성(학생글-예)

제목	청소년 미혼모 문제와 해결방안	
주제	미혼모 문제는 사회적으로 예방해야 한다.	
구분	**소주제**	**내 용**
서론	미혼모의 대한 문제제기	의식의 변화는 자연스럽게 이성 교제와 성 경험에 대한 욕구 증가 및 성적 행동으로 이어진다.
본론	청소년 미혼모의 발생 원인	청소년 미혼모의 발생 요인은 개인적, 사회적, 교육적, 가정적으로 나누어 볼 수 있다.
	여러 가지 복지정책 문제	이러한 요인으로 인해 청소년 미혼모에게 재정적, 사회적으로 복지 정책 문제가 발생할 수 있다.
결론	문제 해결방안	미혼모의 문제를 해결하기 위하여 사회의 인식을 개선하고, 미혼모의 상담을 다양화하고 청소년 미혼모도 쉽게 접할 수 있는 보호시설을 설치해야 한다.

(2) 개요에 따른 글쓰기(학생글-예)

청소년 미혼모 문제와 해결방안

〈차 례〉

1. 서론

최근 다양한 서구 문화의 유입으로 우리 사회는 청소년의 이성 교제와 성에 대한 의식이 점차 개방적으로 변화하고 있다. 의식의 변화는 자연스럽게 이성 교제와 성 경험에 대한 욕구 증가 및 성적 행동으로 이어진다. 이러한 변화에 따라 사회적으로 문제가 되는 것이 미혼모 문제이다.

미혼모란 '결혼을 하지 않은 몸으로 아이를 낳은 여자'라고 하며, 보건복지부 내부 자료(2000)는 미혼모 시설 입소자와 입양된 아동수로 1999년 미혼모의 숫자를 2,253명으로 추정하고 있으나, 시설을 찾지 않고 스스로 아이를 양육하는 미혼모 등을 감안한다면 실제 숫자는 더 많을 것으로 본다.

전 세계적으로 10대 미혼모는 증가 추세를 보이며, 청소년 미혼모에 관한 여러 문제도 발생하고 있다.

2. 미혼모의 실태와 문제

1) 발생원인

청소년 미혼모의 발생 요인은 개인적, 사회적, 교육적, 가정적으로 나누어 볼 수 있다. 개인적 요인으로는, 청소년 가출의 증가이다. 경찰청이 파악하고 있는 14~19세 가출 청소년 발생 현황에 따르면, 2011년 경찰청에 신고된 전국의 가출 청소년은 20,434명으로 최소로 2만 명을 넘어섰으며, 2007년 12,240명 대비 67% 증가했다. 2007년 이후 2008년 15,337명, 2009년 15,118명, 2010년 19,445명, 2011년 20,434명 등 최근 5년간 지속적인 증가 추세에 있다. 청소년 미혼모 중 상당수가 가출을 한 상태에서 남자친구와 사귀거나 동거를 하고, 쉽게 돈을 벌기 위해 청소년 성매매를 하는 등 충동적인 선택을 하기 때문이다.

사회적 요인으로는, 사회의 성에 대한 가치관의 변화이다. 사회가 서구화되고 개방적으로 변하면서 청소년의 이성 교제가 점차 허용적으로 변화되고 있다. 이로 인해 전통적인 성 가치관이 퇴색하고 서로가 원한다면 얼마든지 성관계를 가질 수 있는 새로운 성관념을 가지게 되었기 때문이다. 교육적 요인으로는, 성 및 피임에 대한 지식의 부족이다. 교육부의 실질적인 성교육 지시로 각 학교는 성교육을 하고 있지만 전문 교사에 의한 체계적인 교육과는 거리가 멀고, 1차적으로 성교육이 이루어져야 하는 가정에서는 지식 습득이 없는 것이 대부분이다. 가정적 요인으로는 가족 구조가 점차 바뀜에 따라서 경제적 기능이나 의식 면에서도 가족 중심에서 개인 중심으로 옮겨졌으며 그로 인해 가족 내 갈등을 초래하였다.

가정적 원인으로는 구조적, 기능적 결손가정을 들고 있다. 부모 중 어느 한 쪽이 사망하거나, 이혼, 별거 등으로 안정성을 상실한 결손가정은 가정 내의 부모, 자녀 관계가 손상되어 가족 간의 대화가 단절되면서 미혼모 발생의 요인이 된다.

이러한 요인으로 인해 청소년 미혼모에게 여러 가지 복지정책 문제가 발생할 수 있다. 이러한 문제를 재정적 측면과 사회적 측면으로 나누어 볼 때, 재정적 측면에서의 문제점은 미혼모 복지 시설이다. 한국은 미혼모를 위한 정부 차원의 대책과 서비스가 현저히 부족하다.

2) 정책문제

미혼모를 위한 상담을 하는 민간 기관으로서는 전국에 8개의 미혼모 복지시설과 4곳에 입양기관에서 운영하는 상담소가 있고, 국가나 지자체가 운영하는 기관은 여성 복지 또는 부녀아동복지 상담소와 간이 상담소가 전국에 127개가 있다. 국가에서 운영하는 상담소는 미혼모에 대한 상담 조치가 미흡하고 제 기능을 수행하는 곳이 많지 않다. 또한, 미혼모 상담소는 지리적으로 대도시에 밀집되어 있는 경우가 대부분이기에 소외지역의 미혼모들은 상담을 하거나 입소하기에 힘든 상황이다. 이러한 특성으로 인해 소수의 미혼모들만이 시설을 이용하고 있기에 다른 미혼모들 또한 쉽게 찾아갈 수 있고 입소할 수 있도록 전국적인 보호시설의 설치가 필요한 바이다. 전문적인 상담을 위해서는 전문 상담원의 채용이 시급하다.

또한, 사회적 측면에서의 문제점은 첫째, 미혼모를 바라보는 사회적 인식이다. 그 인식은 문제 여성이라는 고정관념에서 시작된다. 또한, 미혼모를 문제로 여기면서 이에 대한 큰 제재가 없는 것이 우리나라 현실이다. 미혼모는 일시적으로 정상적 사회화가 불가하였지만 충분히 정상적 사회화로 다시 진입할 수 있다. 그러나 미혼모라는 이유만으로 꼬리표를 달아야했고, 사회에서 소외되고 냉대와 차별을 받는 대상이 되었다. 특히, 10대의 경우에는 학교에서 보호가 아닌 자퇴를 권유받고 처벌을 받는 것이 우선이 되었다.

둘째, 청소년 미혼모와 그 가족을 위한 상담이다. 청소년 미혼모의 경우 충동적인 선택으로 인한 의도치 않은 임신으로 자신의 미래와 아이의 대한 책임감 등으로 인하여 스트레스를 받는다. 미혼모는 우울증이 심하여 깊은 이해와 상담이 필요하다. 청소년 미혼모들은 상담을 받는 곳이 상담소가 아닌 또래집단인 경우가 대부분이다. 학교 내에서 상담을 하는 경우도 드물고 상담하는 학생을 문제아로 취급하는 경우가 많기에 청소년 미혼모들은 상담을 받을 곳이 마땅치 않다.

셋째, 청소년 미혼모의 교육권이다. 청소년 미혼모의 대부분은 학교를 중퇴하는 경우가 많다. 청소년은 고등학교 교육과정을 끝마치지 않은 이상 우리 사회에서 제대로 된 직업을 갖기 어렵고, 그것이 경제적 빈곤으로 이어진다. 대부분의 미혼모 시설은 직업교육에만 치중하고 있고, 학업을 지속하기 위한 뚜렷한 방안은 없는 상황이다.

이러한 문제점들을 해결하기 위해서는 첫째, 소외지역의 미혼모들도 쉽게 접근이 가능한 보호시설을 설치하는 것이다. 특히, 청소년 미혼모들이 자발적으로 상담을 받을 수 있도록 학교와는 다르게 익명성을 보장해 주어야 한다. 또한, 전문기관이 학교에 방문하여 기존 성교육의 한계를 넘는 것이 중요하다.

둘째, 미혼모를 바라보는 사회적 인식 개선이다. 미혼모들이 힘들어하는 부분 중 하나가 바로 사람들의 인식이다. 미혼모는 개인의 문제가 아니라 사회의 문제가 될 수 있다. 따라서 미혼모에 관한 지원과 복지가 미혼모의 증가를 일으킬 거라는 걱정은 버리고 문제를 해결하는 데 모두가 나서야 한다.

셋째, 미혼부모와 그 가족을 위한 상담 방법을 다양화해야 한다. 미혼모들이 아이를 양육하면서 원만한 생활을 하기 위해서는 가족의 협조와 이해가 필요하다. 이를 위해서는 미혼모만의 상담이 아닌 미혼모의 부모와도 상담이 필요하다. 상담을 통해 부모는 미혼모 자식을 이해하고 자식으로부터 받았던 상처를 치유할 수 있다. 또한 상담과 직업훈련을 연계하여 청소년 미혼모들이 사회에 잘 적응할 수 있도록 도와야 한다.

넷째, 청소년 미혼모의 교육권을 보장해 주어야 한다. 제31조 제1항에서 "모든 국민은 능력에 따라 균등하게 교육을 받을 권리를 가진다."라고 하여, 교육에 관한 권리를 국민의 기본권으로 선언하고 있다. 그리고 이를 '교육을 받을 권리'라는 형태로 규정하고 있다. 교육을 받을 권리는 우리 헌법의 해석에 따라 사회 기본권에 해당하는 기본권으로 분류되고 있다. 이러한 데서 모든 국민이 교육을 제대로 받지 못하는 경우를 최소화시키고 개인의 능력에 따라 적합한 교육을 받을 수 있도록 하기 위해서는 사실상 교육 환경에 대한 국가의 정책 지원이 필요하다.

청소년은 교육을 받을 자유가 있다. 청소년 미혼모의 교육권 보장의 내용은 교육을 받을 '자유' 가 우선으로 보장되어야 한다. 앞서 논의했듯이 교육을 받을 권리는 자유권 측면에서 교육의 균등한 기회를 근본으로 하고 있기 때문이다.

청소년 미혼모는 일반 학생들과는 달리 임신으로 인한 신체 특성과 출산 이후 자녀 양육이라는 특수한 상황으로 인하여 다른 일반 학생들과 동일한 조건에서 학교 내 교육을 받기 어려움이 있다. 이를 위해 보호시설 등을 통해서 부담 없이 접근하여 교육받을 수 있도록 환경을 제공해주어야 한다.

3. 결론

현재까지 우리나라에서는 미혼모가 되는 것을 개인의 문제로 여기고, 미혼모 관련 복지정책은 개인의 문제를 치료하는 식이었다. 따라서 미혼모의 문제를 해결하기 위하여 사회의 인식을 개선하고 미혼모의 상담을 다양화하며, 청소년 미혼모도 쉽게 접할 수 있는 보호시설을 설치하여 청소년 미혼모에 대한 문제를 개인을 넘어 사회적으로 예방해야 한다.

이와 같이 미혼모 복지정책은 의식의 변화에 대해 적절히 대처할 수 있는 방안을 마련하여 미혼모들의 아름다운 삶과, 그 아동의 올바른 성장을 위해서뿐만 아니라 우리 사회의 밝은 미래를 위해서도 반드시 요구돼야 한다.

〈참고문헌〉

2. 글의 구성

1) 단어 쓰기

적절한 단어를 선택하여 사용한다는 것은 여간 고민이 되는 일이 아니다. 적절한 단어가 그때그때 떠오르지 않는 것도 문제지만, 떠올린 단어가 합당한지의 여부를 판단하면서 글을 쓴다는 일이 결코 만만하지 않기 때문이다.

〈선택한 단어의 적합성 여부〉

(1) 단어의 형태와 관련된 측면 : 단어의 표기가 정확한지 따져봐야 한다. – 표준어를 사용해야 한다.

(2) 단어의 의미와 관련된 측면 : 선택된 단어가 문장의 맥락적 의미와 잘 들어맞아야 한다.

(3) 단어의 순화와 관련된 측면 : 저속한 표현과 외국어, 한자어 등의 사용을 피한다.

〈주의해 사용해야 할 말〉

(1) 구어체를 문어체로 바꾼다.

예 1) 우리 학교는 시험 감독이 철저하다. → 우리 학교에서는 시험 지도가 철저하다.(역전앞, 초가집, 극장 구경을 하다, 맨발 벗고 뛰다, 난로를 때다.)

(2) 명사와 명사를 관형격조사 '의'로 묶어서 쓸 때는 풀어서 쓴다.

예 2) 왜곡된 교육제도 때문에 대학교의 교육이 본래의 선의의 경쟁의 의도에서 많이 벗어나 있다. → 왜곡된 교육제도 때문에 대학교 교육이 선의의 경쟁이라는 본래 의도에서 많이 벗어나 있다.

(3) 쉬운 어휘로 사전적인 의미만을 이용한다.

예 3) 대동소이하다, 다반사이다 → 비슷하다, 흔하다

(4) 전달하려는 뜻을 강조하려고 할 때 자주 쓰는 문장

예 4) 가장 많이, 굉장히 심각한, 아주 탁월한, 여러분도 알다시피, 주지하듯이, 쥐 죽은 듯이 고요하다, 비단결 같은 마음씨, 혜성과 같이 나타났다, 우레와 같은 박수

(5) 체언에 조사가 덧붙어서 문장성분으로 사용하는데, 조사를 잘 써야 한다.

예 5) 부모로부터 많은 유산을 상속받았다. → 부모에게서 많은 유산을 상속받았다('로부터' → '까지'와 호응)

(6) 영어의 사동문 직역한 것

예 6) 어린이들에게 물에 익숙하도록 하였다. → 어린이들을 물에 익숙하도록 하였다. 이 물건을 저것에 비교할 수 없다. → 이 물건을 저것과 비교할 수 없다.('비교하다'는 무엇을 무엇과 비교하다)

(7) 부정적인 어휘 사용

예 7) 우리 사회가 세계화라는 미명 아래 조기 교육 한답시고 여섯 살짜리 유치원생에게 영어를 공부시키고 있다. → 우리 사회가 세계화를 내세우면서 여섯 살짜리 유치원생에게 영어를 조기 교육시키고 있다.(미명, 한답시고는 부정적인 서술자의 시각이 선세)

〈혼동하기 쉬운 말〉

(제57항 다음 말들은 각각 구별하여 적는다.)

혼동이 되는 말을 구별해서 쓰도록 한 조항이다. 실제 생활에서 잘못 쓰는 일이 많으므로 주의할 필요가 있다.

- 가름 : 둘로 가름.
- 갈음 : 새 책상으로 갈음하였다.

- 거름 : 풀을 썩힌 거름.
- 걸음 : 빠른 걸음.

- 거치다 : 영월을 거쳐 왔다.
- 걷히다 : 외상값이 잘 걷힌다.

- 걷잡다 : 걷잡을 수 없는 상태.
- 겉잡다 : 겉잡아서 이틀 걸릴 일.

- 그러므로(그러니까) : 그는 부지런하다. 그러므로 잘 산다.
- 그럼으로(써) (그렇게 하는 것으로)
- 그는 열심히 공부한다. 그럼으로(써) 은혜에 보답한다.

- 노름 : 노름판이 벌어졌다.
- 놀음(놀이) : 즐거운 놀음.

- 느리다 : 진도가 너무 느리다.
- 늘이다 : 고무줄을 늘인다.
- 늘리다 : 수출량을 더 늘린다.

- 다리다 : 옷을 다린다.
- 달이다 : 약을 달인다.
- 다치다 : 부주의로 손을 다쳤다.

- 닫히다 : 문이 저절로 닫혔다.
- 닫치다 : 문을 힘껏 닫쳤다.

- 마치다 : 벌써 일을 마쳤다.
- 맞히다 : 여러 문제를 더 맞혔다.

- 목거리 : 목거리가 덧났다.
- 목걸이 : 금목걸이, 은목걸이.

- 바치다 : 나라를 위해 목숨을 바쳤다.
- 받치다 : 우산을 받치고 간다.
  책받침을 받친다.

- 받히다 : 쇠뿔에 받혔다.
- 밭치다 : 술을 체에 밭친다.

- 반드시 : 약속은 반드시 지켜라.
- 반듯이 : 고개를 반듯이 들어라.

- 부딪치다 : 차와 차가 마주 부딪쳤다.
- 부딪히다 : 마차가 화물차에 부딪혔다.

- 부치다 : 힘이 부치는 일이다.
  편지를 부친다.
  논밭을 부친다.
  빈대떡을 부친다.
  식목일에 부치는 글.
  회의에 부치는 안건.

인쇄에 부치는 원고.
삼촌 집에 숙식을 부친다.

- 붙이다 : 우표를 붙인다.
책상을 벽에 붙였다.
흥정을 붙인다.
불을 붙인다.
감시원을 붙인다.
조건을 붙인다.
취미를 붙인다.
별명을 붙인다.

- 시키다 : 일을 시킨다.
- 식히다 : 끓인 물을 식힌다.

- 아름 : 세 아름 되는 둘레.
- 알음 : 전부터 알음이 있는 사이.
- 앎 : 앎이 힘이다.

- 안치다 : 밥을 안친다.
- 앉히다 : 윗자리에 앉힌다.

- 어름 : 두 물건의 어름에서 일어난 현상.
- 얼음 : 얼음이 얼었다.

- 이따가 : 이따가 오너라.
- 있다가 : 돈은 있다가도 없다.

- 저리다 : 다친 다리가 저린다.
- 절이다 : 김장 배추를 절인다.

- 조리다 : 생선을 조린다. 통조림, 병조림.
- 졸이다 : 마음을 졸인다.

- 주리다 : 여러 날을 주렸다.
- 줄이다 : 비용을 줄인다.

- 하노라고 : 하노라고 한 것이 이 모양이다.
- 하느라고 : 공부하느라고 밤을 새웠다.

- 느니보다(어미) : 나를 찾아오느니보다 집에 있거라.
- 는 이보다(의존 명사) : 오는 이가 가는 이보다 많다.

- (으)리만큼(어미) : 나를 미워하리만큼 그에게 잘못한 일이 없다.
- (으)ㄹ 이만큼(의존 명사) : 찬성할 이도 반대할 이만큼이나 많을 것이다.

- (으)러(목적) : 공부하러 간다.
- (으)려(의도) : 서울 가려 한다.

- (으)로서(자격) : 사람으로서 그럴 수는 없다
- (으)로써(수단) : 닭으로써 꿩을 대신했다.

- (으)므로(어미) : 그가 나를 믿으므로 나도 그를 믿는다.
- (–ㅁ, –음)으로(써)(조사) : 그는 믿음으로(써) 산 보람을 느꼈다.

〈잘못된 표기〉

제작년 → 재작년

개나리봇짐 → 괴나리봇짐

어께 → 어깨

어쨌던 → 어쨌든

웬지 → 왠지

육계장 → 육개장

찌게 → 찌개

복골복 → 복불복

짜집기 → 짜깁기

해꼬지 → 해코지

섬찟한 → 섬뜩한

〈어려운 한자어〉

가처분(假處分) → 임시 처분

개봉(開封)하다 → 뜯다

견적(見積) → 추산/머리잡기

매수(買收)하다 → 사다

가(可)하다 → 옳다/좋다

고지(告知)하다 → 알리다

담합(談合) → 짬짜미

매각(賣却)하다 → 팔다

부기(附記)하다 → 덧붙여 적다

서면(書面) → 글

체결(締結)하다 → 맺다

지분(持分) → 몫

취조(取調) → 조사

구좌(口座) → 계좌

변상(辨償)하다 → 물어주다
결식 아동(缺食兒童) → 밥 굶는 아이
날인(捺印)하다 → 도장 찍다
독거 노인(獨居老人) → 홀몸 노인
음용수(飮用水) → 마시는 물

〈외국어 사용〉
밀레니엄 베이비 → 천년둥이
이메일 → 전자우편
시뮬레이션 게임 → 가상 게임
주식형 펀드 → 주식형 투자금
컬렉션 → 모음(전/집)

〈완곡한 표현〉
강간 → 성폭행
실업 예산 → 일자리 창출 예산
실업 대책 → 일자리 창출 대책

〈비속한 말〉
골 때리다 → 골치가 아프다
아가리 → 입(동물은 아가리)
눈깔 → 눈알
배때기 → 배

2) 문장 쓰기

문장은 생각이나 감정을 말로 표현할 때 완결된 내용을 나타내는 최소의 단위이다. 주어와 서술어를 갖추고 있는 것이 원칙이나 때로 이런 것이 생략될 수도 있다.

문장의 끝에 '.', '?', '!' 따위의 마침표를 찍는다.

문장은 적어도 하나 이상의 단어로 구성된다. 단어가 전제되지 않으면 문장은 성립될 수 없다. 여러 단어가 연결되어 한 문장을 이룬다는 점에서 문장은 단어의 연속체이다. 그런데 문장은 단순히 단어의 나열로 이루어지는 것이 아니다. 선택된 단어를 문장 구조 규칙에 따라 적절히 배열하여 비로소 의미 있는 문장이 된다. 단어가 모여서 문장을 이룰 때는 일정한 법칙이 있으므로 그 법칙에 따라 글을 써야 한다. 음운, 통사, 의미상의 규칙, 경어법, 시제 등을 고려한다.

이 글에서는 문장을 잘 쓰기 위해 최소한의 것만 다루고자 한다.

(1) 주어 및 목적어 누락

① 가 : "어디 가니?"
　나 : "학교 가."

주어와 목적어도 상황에 따라 생략될 수 있지만 주어와 목적어를 생략하면 문장이 자연스럽지 못하다.

② 가. 몸이 아파서 어머니와 침을 맞으러 다녔는데 아주 잘 낫는 어머니 교회의 집사님이셨다.
　나. 밤에는 그 곳의 학생들에게 공부도 가르쳐 주었다. 낮의 일 때문에 피곤하였지만 눈을 또렷하게 뜨고서 나를 바라보는 그들에게서 힘을 얻고 나니 하루 중 가장 즐거운 시간으로 만들 수 있었다.

(②가)는 후행문의 서술어 '집사님이셨다'에 호응하는 주어가 없다. '다녔는데'와 '아주' 사이에 '침을 놓아 주신 분은' 정도의 주어가 들어가야 자연스럽다. '아주 잘 낫는'의 성격도 모호하다. 문법적으로 보면 '집사님'이 '낫는' 것이 되므로 '아주 용한' 정도로 써야 한다.

(②나)는 목적어가 없는 경우다. 'A를 B로 만들다'의 구성이면서 B에 해당하는 '가장 즐거운 시간으로'만 있을 뿐 A인 '무엇을'에 해당하는 목적어가 없다.

(2) 주어와 서술어 관계의 불일치

> ③ 하루 24시간 중 가장 많이 (비가) 내린 곳은 전라남도 장흥에서 547.4mm입니다.

③에서 주어는 '…곳'인데 서술어는 '547mm입니다'이므로 주어와 서술어가 제대로 호응하지 못했다.

> ④ 냉정하게 전력을 평가해 봐도 한국이 자력으로 16강 티켓(조 2위 이내) 가능성은 높은 편이다.

④에서는 서술어가 없다. '한국이 자력으로 16강 티켓(조 2위 이내)을 획득할 가능성은'으로 하면 바람직하다.

> ⑤ 물론 그 우물은 대단히 깊어서 항상 뚜껑을 씌워놓고 있었습니다. 그것으로도 모자라서 뚜껑 위에는 어린아이의 힘으로는 들어올리기 힘든 꽤 큰 돌들이 뚜껑을 누르고 있었답니다.

⑤에서 두 번째 문장의 주어는 '꽤 큰 돌들'이고, '뚜껑 위에는'은 부사어가 된다. '꽤 큰 돌들이 뚜껑 위에는 뚜껑을 누르고 있었답니다'가 되어 불필요한 중복이 있다. '뚜껑 위에는'을 빼거나, 서술어의 군더더기인 '뚜껑을 누르고'를 '놓여' 정도로 고치면 좋겠다.

(3) 의미상 부적절한 주술 관계

> ⑥ 로마인이 공예 분야에서 탁월한 기량을 나타낸 것은 유리그릇과 카메오이다. 전자는 오리엔트에서 사용되고 있던 유리불기의 제조법을 이어받아 체크무늬·모자이크·유리 등 고도의 기술을 사용하여 술잔이나 별 따위의 여러 가지 용기를 만들어 냈다.

⑥에서 주어 '전자'는 유리그릇을 가리키는데, 서술어가 '여러 가지 용기를 만들어 냈다'이므로 의미상 부적절하다. 문장의 내용으로 볼 때 주어는 '로마인'이 되어야 하므로 '전자의 경우, 로마인은'으로 바꾸어 주는 것이 좋다.

(4) 조사의 오용

> ⑦ 고속버스를 타고 우리는 날씨 걱정을 해야 했다. 장마철의 중반에 우리는 여행을 떠났으니 당연하였다.

⑦의 두 번째 문장 '우리는'은 '우리가'로 고쳐야 자연스럽다.

(5) 논리적으로 이상하거나 어색한 문장

> ⑧ 결국 백은 대가없이 중앙의 양단수를 얻었으니, 여기서 단숨에 흑이 망해 버렸다.

⑧은 흑이 망했으니 백이 이득을 보았다는 뜻이다. '대가없이'가 아니고 '대가를 치르지 않고'가 되어야 한다.

(6) 지나치게 복잡한 문장

> ⑨ 고혈압은 우리 나라에서도 가장 흔한 병의 하나이며, 예로부터 많은 연구가 진행되고 있으나 아직도 정확한 원인은 알려져 있지 않지만 그 중에서도 식사와의 관계가 보다 명백하다는 것이 지적되어 있다.

⑨는 여러 가지 내용을 한 문장에 담으려다 보니 '-으나'와 '-지만'이 연이어 나타나는 등 내용 전개가 매끄럽지 못하다. '아직도 정확한 원인이 알려져 있지 않다. 다만 그 중에서도~'와 같이 문장을 나누면 좋겠다.

(7) 문장 부호(쉼표)의 올바른 사용

⑩ 키가 큰 형의 친구가 찾아왔다.

⑩은 구조적으로 모호하다. 형이 키가 큰지, 형의 친구가 키가 큰지 불분명하다. '키가 큰, 형의 친구가 찾아왔다'라고 하면 '형의 친구가 키가 크다'는 것이 분명해진다.

〈잘못 쓰기 쉬운 문장〉

(1) 문장의 호응 관계

손이 많이 다쳤다.(구어체) → 손을 많이 다쳤다.

(2) 복문에서 문장성분이 다르면 생략 불가

아이들은 뱀이 무서우면서도, 보기만 하면 잡으려 한다. → 아이들은 뱀이 무서우면서도, 뱀을 보기만 하면 잡으려 한다.

(3) 문장의미 겹침

박수를 쳐 주십시오. → 박수를 주십시오.(박수에는 '치다'의 의미 내포)

이사를 갔다. → 이사했다.

예방 접종을 맞읍시다. → 예방 접종을 합시다.

좋은 호평을 받았다. → 호평을 받았다.

(4) 문장이 지나치게 길면 안 된다. : 관형사형 어미가 중복되고 수식이 많아지면 문장이 길어진다.

요즘 젊은이들은 자신의 이익만을 추구하는 극단적인 이기주의에 빠져있다.
→ 요즘 젊은이들은 극단적인 이기주의에 빠져 자기 이익만을 추구한다.

(5) 지나친 수사는 삼간다. : 그런 실수를 저질렀음에도 불구하고 자식에 대한 부모의 믿음은 변함없다. → 그렇게 실수했지만, 부모는 자식을 변함없이 믿는다.

3) 문단 쓰기

문단은 단락, 대문, 대목으로도 쓰인다. 글 전체의 주제를 대주제라 하고, 각 문단의 주제를 소주제라 한다. 하나의 글은 여러 개의 문단으로 이루어진다. 이 문단마다 나름대로 주제를 가지고 있는데 이것을 소주제라 하고 소주제를 담고 있는 문장을 소주제문이라 한다. 소주제문은 소주제를 간단명료하게 나타내야 하며, 나머지 문장들은 소주제를 뒷받침하는 역할을 하므로 이를 뒷받침 문장이라 한다. 종합하면 문단이란 하나의 완결된 사고의 단위다.

들여쓰기란 원고지 첫째 칸을 비우고 글을 쓰기 시작함을 뜻한다. 한 편의 글이 세 개의 문단으로 이루어진다면 원고지에는 세 곳에 들여쓰기를 한 표시가 나타난다. 문단이 새로 시작될 때마다 들여쓰기를 하는 것은 독자로 하여금 전체 글의 이해를 돕게 하려는 목적에서다.

〈문단의 구성원리〉

(1) 문단에서 다루는 내용은 글의 전체 주제에서 벗어나면 안 된다.

(2) 문단은 반드시 하나의 중심 생각만을 가져야 한다.

(3) 뒷받침 문장은 소주제와 관련된 것만을 써서 통일성을 기해야 한다.

(4) 뒷받침 문장은 소주제를 점차 구체화하여야 한다.

(5) 뒷받침 문장은 소주제를 충분하게 뒷받침하여야 한다.

하나의 단락에는 통일성, 일관성, 완결성, 강조성이 필요하다.

- 통일성 : 하나의 단락에 하나의 화제
- 일관성 : 한 단락에서 문장의 결합
- 완결성 : 기본 명제(주장)와 보조 명제(논거–예증 · 인용 · 해명)

(1) 통일성

하나의 단락은 여러 개의 문장으로 이루어져 있다. 이때 여러 개의 문장은 그 단락의 화제 혹은 소주제문에 집중되어 있어야 한다. 다시 말해서 주제를 벗어나지 않아야 한다. 한 단락에 두 개 이상의 화제가 들어 있거나 화제와 관계없는 내용이 들어 있는 글은 통일성이 깨진 것이며 올바른 글쓰기라고 할 수 없다.

① 잘된 글(예시)

> 돼지는 후각이 발달되어 있다. 멧돼지는 몇 십 리 밖에 있는 포수의 화약 냄새를 맡고 일찌감치 도망쳐 버릴 정도이다. 집돼지도 마찬가지로, 제 새끼와 다른 새끼를 구별하는 데나, 주인과 남을 구별하는 데에 주로 후각을 이용한다. 다른 동물이 침입했는지, 먹이가 들어왔는지를 알아차리는 데도 주로 후각을 이용한다.

② 잘못된 글(예시 1)

> 한민족이 다른 민족에게 동화되지 않았다는 것은 배타적이기 때문이 아니고, 특성을 가지고 있기 때문이었으며, 이웃의 문화를 흡수하여 자기의 것으로 삼는데 게으르지 않았기 때문이다. 한민족의 이웃에 있으면서 고도의 문화를 가진 것은 중국이었다. 한국과 중국과의 왕래 접촉은 아득한 예부터 시작되었는데 한국이 적극적으로 중국의 문화를 받아들여 이를 더욱 발전시켰다는 것은 한민족의 문화가 중국 문화에 예속되어 있지 않다는 단적인 증명이 될 것이다. 비단 중국 문화만이 아니다. 멀리 인도 문화를 알기 위하여 그 곳에까지 수많은 사람들이 갔었음은 기록이 보여 주고 있다.

③ 잘못된 글(예시 2)

> 한글 전용은 점진적으로 이루어져야 한다. 한글 전용은 우리의 이상이다. 한자(漢字)로 된 어휘가 절반이나 되는 국어의 현실이 중요하다. 사람은 필요한 곳에서 필요한 만큼 말을 해야 한다. **한글 전용은 한자(漢字)를 점진적으로 절멸(絕滅)시켜 나아가면서** 이루어질 수 있겠다.

(2) 완결성

하나의 단락이 완성되기 위해서는 형식적, 내용적 요소들이 빈틈없이 짜여져야 한다. 따라서 하나의 단락은 하나의 소주제문과 그것을 뒷받침하는 충분한 뒷받침 문장으로 이루어져야 한다.

① 잘된 글(예시)

> 관중은 연극에 큰 영향을 미친다. 관중은 우선 연극의 흥행상 수입을 올려 주는 경제적 밑받침이 된다. 관중이 연극을 외면하고 관람을 하지 않는다면 아무도 연극을 하려 들지 않을 것이나. 무엇보다도 그 막대한 비용을 계속 감당할 만한 재원이 없기 때문이다. 이러한 경제적 밑받침뿐 아니라 연극의 진행 과정에서도 단순한 구경꾼에 그치는 것이 아니고 배우와 호흡을 함께 하면서 그 무대 활동에 참여한다. 외견상으로 보면 배우가 일방적으로 행동을 하고 관중은 그것을 수용하는 데 그치는 듯하다. 그러나 사실은 관중의 무언의 호응과 반발은 배우에게 즉각적으로 반사되는 것이다.

② 잘못된 글(예시)

> 이 때 나는 내 인생을 다 주고도 다시는 경험할 수 없는 일을 겪었다. 아마 무슨 시민 위안 잔치라고 기억된다. 동네의 알고 있는 형을 따라갔다가 길을 잃고 혼자 헤매게 된 것이다. 그 때만큼 할머니, 부모님, 동생들이 소중하게 생각되고, 보고 싶었던 일은 아직 한 번도 없다.

(3) 자연스러운 연결

문장과 문장 사이가 자연스럽게 그리고 긴밀하게 연결되어야 한다. 그러기 위해서는 다음의 방법을 사용하는 것이 좋다.

첫째, 접속어의 사용
둘째, 지시어의 사용
셋째, 동일 어구의 반복

① 잘된 글(예시)

전통은 물론 과거로부터 이어 온 것을 말한다. 이 전통은 대체로 그 사회 및 그 사회의 구성원인 개인의 몸에 배어 있는 것이다. 그러므로 스스로 깨닫지 못하는 사이에 전통은 우리의 현실에 작용하는 경우가 있다. 그러나 과거에서 이어 온 것을 무턱대고 모두 전통이라고 한다면 인습이라는 것과의 구별이 서지 않을 것이다. 우리는 인습을 버려야 할 것이라고는 생각하지만 계승해야 할 것이라고는 생각하지 않는다. -지시어와 접속어를 효율적으로 사용하여 소주제문과 뒷받침 문장이 논리적이고 자연스럽게 연결되고 있다.

(4) 문단을 만들 때의 유의점

① 통일성과 논리성

하나의 문단에서 뒷받침 문장들이 소주제문의 내용에서 벗어나지 않으면서 소주제를 뒷받침하고 구체화할 때 문단의 통일성은 이루어진다. 그러기 위해서는 먼저 한 문단에 하나의 소주제가 들어가 있어야 하고 문단의 모든 내용은 이 주제로 모아져야 한다. 중심 생각이 둘 이상이면 내용이 산만해지고 내용을 효과적으로 전달할 수 없다.

또한 문단에 들어 있는 문장들이 논리적으로 연결돼야 한다. 문단이 제대로 이루어지기 위해서는 문단 내의 문장들이 밀접한 연관성을 가지고 연결돼야 하며 내용상 서로 모순이 있어서는 안 된다.

② 소결론과 적절한 근거

각 문단의 소결론에 대해서는 적절한 근거를 제시해야 한다. 각 문단의 핵심 주장에 대한 근거를 제시하는 방법으로는 두 가지가 있다. 주장하고자 하는 소결론에 비해 더 알기 쉬운 사실들을 제시함으로써 그것들로부터 소결론이 옳다는 것을 논리적으로 입증해 보이는 연역적인 방법과, 적절한 예를 들어 소결론을 입증해 보이는 귀납적인 방법이 있다.

③ 적절한 문장 연결

문단을 만들 때는 문단을 구성하는 문장 하나하나가 나름의 기능과 의미가 있어야 한다.

먼저 각 문단을 사실을 제시하는 부분, 사실에 대한 해석을 하는 부분, 사실과 해석을 바탕으로 주장을 제시하는 부분, 주장을 전개하고 난 뒤 미흡한 점을 지적해서 문단 전체를 보완하는 부분으로 나누어 볼 수 있다. 이 때 각 부분은 가능하면 두 문장 이내로 줄이는 연습을 한다. '사실'은 시사적인 사건일 수도 있고 일반적으로 인정되는 법칙, 원칙, 유명한 이야기, 경구, 속담일 수도 있다. 다만 제시할 사실은 해당 문단에서 자기가 주장하려는 것과 직결되는 내용이어야 한다.

3. 글의 서술방식과 수사법

1) 서술 방식

자신의 생각이나 느낌을 정확하고 효과적으로 나타내기 위해서는 기본적인 원리를 토대로 효과적인 진술 방식을 사용하는 것이 필요하다.

(1) 설명

설명은 자신이 알고 있는 사실이나 정보, 지식 등을 쉽게 풀어서 독자에게 그것이 무엇인가를 알게 하여 이해시키는 진술 방식이다. 따라서 '설명'은 어떤 사실을 알기 쉽고 정확하게 풀이하여 전달하는 것이므로 어디까지나 논리적이고 지적이며 과학적이어야 한다. 또한 필자의 독단이나 편견 등 주관이 개입되지 않고 객관적이어야 한다. 백과사전이나 국어사전 등의 진술방식이 전형적인 '설명'의 방법이다. 이러한 설명의 진술 방식에는 지정(확인), 정의, 예시, 비교 · 대조 · 유추, 분류 · 분석, 묘사적 설명과 서사적 설명 등이 있다.

① **지정(확인)** : '무엇이냐? 누구냐?'에 대한 대답으로 '무엇이다. 아무개다'로 간단 명료해야 한다. (예) 그는 음악가요, 의사요, 신학자다.

② **정의** : 정의는 단어의 뜻을 밝히는 설명의 방식이다. (예) 문학은 인간의 사상과 감정을 언어로 표현한 예술이다.

• 지정과 정의의 차이

지정은 모두가 알 수 있는 사실을 확인하는 방법이다. 그러나 정의는 단순한 사실의 확인이 아니라 개념을 규정하는 것이다. 지정은 설명 방식 중 가장 직접적이고 단순한 방식이어서 쉽게 활용할 수 있다. 가령 고향을 소개할 때, 그 위치가 어디이고 인구가 얼마이며 주산물(主産物)이 무엇인가 등을 손가락으로 하나씩 가리키듯이 제시하는 것이 지정 방식이다. 정의는 전문성에 따른 설명이다.

지정도 전문성이 요구되는 경우가 있지만 그것은 현상적인 것이고, 정의의 방법으로는 본질적인 속성과 개념을 논리적으로 해명한다.

③ **예시** : 특수 진술이나 특수 사항으로 예를 제시함으로써 진술의 구체성과 타당성에 기여하며, 좀 더 명확하고 쉽고 인상 깊게 이해하도록 해준다. (예) 실례, 일화, 본보기, 통계 자료 등의 여러 가지 예를 제시.

〈예시〉

언어의 민주화, 언어의 평민화, 이러한 것이 오늘날 우리말의 정화에 있어서 가장 시급한 일이 아닐까? 미국이 독립한 후 대통령 관저를 짓고 이를 '화이트 하우스'라고 한 것도 영국식 언어 내지 영국 제국주의의 전통적 인습에 반기를 들고 평민적인 말을 찾아 '하얀 집'이라고 썼다고 한다. 우리들은 이를 그대로 '하얀 집'이라고 부르지 않고 백악관이라고 부른다. 물론 나는 극단적으로 우리말을 일률적이요 평면적인 쉬운 말로만 해야 한다는 것을 주장하려는 것은 아니지만, 우리말의 계급성만은 완전히 깨뜨려 버려야 될 줄 안다.

④ **비교 · 대조 · 유추** : 둘 또는 그 이상의 대상들을 견주어서 공통점을 중심으로 설명한 것이 비교이고, 차이점을 중심으로 설명하는 것이 대조이다. 그리고 유추는 생소한 개념이나 복잡한 주제를 친숙하고 단순한 개념이나 주제와 비교해 나가는 지적 작용이다.

〈비교〉

도시 생활이라고 해서 농촌 생활과 전혀 다른 것은 아니다. 그 쪽 생활이나 이 곳 생활이나 다 많은 사람들의 협동에 의해서 이루어지고, 또 삶의 기쁨과 슬픔이 드러나는 것도 마찬가지이다.

〈대조〉

가령 어떤 도인(道人)이 꿈에 나타나서 알려준 사실이라든가, 환상 속에서 눈에 보였던 사람들은 설혹 후에 우연히 현실적 사실과 일치함이 밝혀지더라도 그 전까지는 과학적 사실이라 주장할 수 없게 된다. 반면에 지구에서 달까지의 거리가 40만km라고 주장할 때에 이를 설혹 직접 재어 보지 않았다 하더라도 이 수치가 과학적 사실이다.

〈유추〉

1) 인생은 마라톤과 같은 것이다.

2) 산을 오르는 데는 노정이 있고, 집을 짓는 데는 기공에서 준공까지의 과정이 있는 것과 같이, 글쓰기에도 일정한 절차가 있다. 글쓰기는 그 조직적, 계획적 특성 때문에 반드시 일정한 절차를 거쳐야 한다.

• 유추와 비교의 차이

비교나 유추는 둘 또는 그 이상의 사물에 대하여 비슷한 점을 밝혀내는 지적 작용이라는 점에서 같다. 하지만 비교는 그들이 같은 유개념(類槪念)에 속한 것인 데 비해, 유추는 서로 다른 유개념에 속한 것을 대상으로 하는 점에서 차이가 있다. 그런데 유추에서는 그 두 대상 사이에서 속성의 유사성을 찾아내어 비교하기 때문에, 유추는 비교에서 확장된 방법이라 할 수 있다.

(예) 연극과 영화의 공통점 → 비교, 인생과 마라톤의 공통점 → 유추.

⑤ **분류 · 분석** : 분류는 어떤 대상이나 생각을 비슷한 특성에 근거하여 기준을 정해 나누는 방법이고, 분석은 하나의 관념이나 사물을 구성 요소로 나누어 가는 전개 방법이다.

〈분류〉

1) 한국의 전통 음악은 일반적으로 정악(正樂)과 민속악(民俗樂)으로 구분된다. 정악은 궁중에서 연주되던 넓은 의미의 아악(雅樂)과 선비들이 즐기던 아정한 음악을 가리키며, 민속악은 판소리, 산조, 민요, 농악 등을 지칭하는 것으로 서민들 사이에 즐겨 연주되고 감상되던 음악이다.

2) 수필은 그 목적에 내용에 따라 서정적 수필과 비평적 수필로 나누어 볼 수 있다. 서정적 수필은 주로 독자의 정서에 호소하는 것이고, 비평적 수필은 독자의 정서를 무시하지는 않으나 보다 더 논리에 호소하려는 것이다.

〈분석〉

1) '나는 위에서 행복을 크게 두 가지로 나눌 때 물질적인 것과 정신적인 것이 있다고 말했다. 그렇다면 어느 것이 보다 더 참된 것이며 귀한 것인가. 첫째, 물질적 조건에서 오는 행복은 유한한 것이다. … 이렇게 본다면 유한한 행복, 제한된 행복, 소극적 행복, 적극적 행복, 상대적 행복 따위가 물질적 조건에서 오는 행복이라면 이와 반대로 무한한 행복, 영원한 행복, 적극적 행복, 능동적 행복, 절대적 행복 등등이 정신적 조건에서 얻어지는 행복이라 할 수 있을 것이다.'

2) 복싱 선수인 김군이 드디어 올림픽에서 금메달을 목에 걸었다. 물론 그것은 우연한 결과가 아니었다. 첫째, 그는 강인한 체력과 함께 투철한 의지력을 타고난 사람이다. 그랬기 때문에 그는 아무리 강도 높은 훈련에도 지치거나 두려워한 일이 없었다. 둘째로, 그는 연구심이 대단히 강한 사람이다. 그랬기 때문에 자신의 연습 내용을 검토하여 결함을 고치고, 상대방의 경기 내용을 검토하여 대비책을 강구할 수 있었다. 강인한 체력과 투철한 의지력, 강한 연구심이 없었다면 김군은 금메달의 영광을 누릴 수 없었을 것이다.

⑥ **묘사적 설명과 서사적 설명** : 묘사적 설명은 대상에 관한 정보나 지식을 묘사를 통하여 설명하는 방식이며, 서사적 설명은 사건에 관한 정보나 지식을 전달하기 위해서 진술하는 방식이다.

(2) 서사

행동이나 상태가 진행되어 가는 움직임을 시간의 경과에 따라 표현하는 진술 방식이다. '무엇이 발생하였는가?' 하는 질문에 답하는 것이다.

대상의 행동이나 상황의 변화 양상을 시간의 흐름에 따라 그려냄으로써 독자의 머릿속에 그 행동이나 상황이 뚜렷하게 재생되도록 하는 것이다. 따라서 서사는 단일하고 집중적인 인상을 주도록 구성되어야 하며, 단순히 줄거리를 시간적 순서에 따라 전개해 나가는 것을 가리키는 것은 아니다.

① 서사의 3요소

서사는 일어난 사건에 초점을 두면서, 의미 있는 행동의 시간적 과정을 기술하는 것이다.

- 움직임(movement, acting) : 서사는 움직이는 실체(實體), 즉 대상의 활동사진이다. 그러므로 주안점은 움직이는 대상에 있지 않고 '움직임' 그 자체에 있으며, 한 단계에서 다음 단계로 옮아가는 전이(轉移)가 중요성을 가진다.
- 시간(time) : 움직임은 필연적으로 시간의 흐름을 전제로 하여 이루어진다. 서사의 시간은 시간의 한 단편(斷片)이 아니라 시간의 한 단위이며, 그 자체로서 완결성(完結性)을 가진 것이다. 즉, 한 움직임의 과정이 완결되는 동안의 시간을 의미한다.
- 의미(meaning) : 서사에서 다루어지는 사건은 단순히 여러 개의 사건이 모아진 것이 아니라, 의미의 연계성을 지닌 일련의 사건이다. 즉 움직임의 각 과정이 사건의 요점을 중심으로 서로 유기적인 관련을 맺고 있어야 한다.

② 서사의 제시 방법

서사로 이야기를 제시하는 방법에는 장면적 방법과 요약적 방법이 있다.

- 장면적 방법 : 장면적 방법은 글자 그대로 하나의 사건 전체를 충분히 상세하게 그려내 보이는 방법이다. 그러므로 서술하고자 하는 것을 매우 자세하게

재현해서 나타낼 수 있는 장점이 있다. 또, 요약이 필요한 경우에는 언제든지 압축 요약해서 제시할 수가 있다. 장면적 방법으로 제시할 때에는 대화나 묘사 등을 사용해서 보다 사실적으로 표현하는 것이 효과적이다. 그래야만 독자에게 현장감과 생동감을 줄 수 있다.

- 요약적 방법 : 요약적 방법은 글자 그대로 요약해서 제시하는 방법이다. 사건의 세부적인 것을 모두 다 밝히지 않고 개괄적이거나 특징적인 면만을 간략하게 서술하는 방법이다. 이는 서술하고자 하는 것을 종합적으로 요약해서 나타낼 수 있는 장점이 있다. 요약적 방법으로 제시하고자 할 때에는 인상이나 느낌을 압축해서 간결하고 분명하게 표현하는 것이 효과적이다. 특히, 복잡하게 얽혀 있는 문제의 경우는 더욱 그러하다.

③ 서사의 유의점

- 독자가 분명히 이해할 수 있도록 행동의 단계나 사건의 과정을 구분짓고, 그 이동 관계를 분명히 드러내야 한다.
- 행동이나 사건에 관계된 시간을 명확히 제시해야 한다.
- 서사 내용이 길고 복잡할 때는 전체를 몇 개의 양상으로 나누어 전개하도록 한다.

〈서사〉

눈에 모래가 들어갔다. 엎드린 채 손등으로 비벼댔다. 땀과 먼지로 눈이 맵다. 슈 슈, 틀림없이 맞았다. 마지막이다! 몸뚱이가 냉큼 들렸다가 떨어졌다 눈을 떴다.

(3) 묘사

묘사는 구체적인 대상을 말로써 그려 보이는 기술이다. 대상의 특징을 일반화, 유형화하여 설명하지 않고 그 구체적인 모습을 그리려는 것이다. 이는 전체와 부분, 부분과 부분이 관련을 가지며 조화를 이루도록 유기적인 통일체로 표현하는 것이다. 묘사의 목적은 독자의 마음 속에 상상 작용을 일으켜 묘사 대상을 직접 감각할 때와 같은 인상과 느낌을 받도록 하는 데 있다.

묘사의 관점으로는 고정 관점과 동적 관점이 있다. 고정 관점은 묘사를 할 때 대상을 관찰하는 눈을 이동시키지 않고 일정한 위치와 각도를 유지하는 것을 말한다. 동적 관점은 어느 부분에서 다른 부분으로 시점을 이동해 가며 관찰하는 것을 말한다.

묘사의 종류는 객관적 묘사와 주관적 묘사로 나눈다. 객관적 묘사는 과학적 묘사라고도 하며, 대상에 대해 치밀한 관찰을 통하여 생생하게 기록할 때 관점을 고정하거나 이동하면서 그려 낼 수 있다. 객관적 묘사는 글쓴이의 주관이 배제된 채, 눈에 보이는 대상이나 상황을 사실에 충실하게 묘사하는 것이다. 과학 실험, 관찰 보고서, 논문 등에 많이 쓰인다. 예리한 관찰 능력과 정확한 표현이 요구되며 주관에 치우치지 않은 언어를 사용해야 한다.

〈객관적 묘사〉

일기가 좋고 바람도 없이 더운 한낮 가까운 때, 매미의 노래는 수 초 동안 계속된다. 그리고 짧은 휴식으로 끊어진다. 다음 마디는 갑자기 시작되고 급격히 높아져, 아랫배를 점차 빠르게 진동시키며 최고음에 이른다. 수 초 동안 같은 세기를 유지한 뒤 정지된 상태로 되돌아옴에 따라서 떨리는 소리는 점차 약해진다.

주관적 묘사는 글쓴이의 주관적 인상을 통하여 눈에 보이는 대상을 그려 내는 것으로 문학 작품에 많이 쓰인다. 인상적 묘사, 문학적 묘사라고도 한다. 주관적 묘사를 할 때는 독자의 머릿속에 생생한 기분을 전달해야 하는 것이므로, 어떤 방식으로 인상을 포착할 것인가가 매우 중요하다. 대상의 인상에 대해 독자에게 강렬하게 호소하여 감동을 주는 요소를 찾고, 분명한 관점을 세운 다음 묘사해야 한다. 이 때 관점은 기분이나 분위기, 태도, 관심, 인상적인 데 중심을 두어야 효과적인 묘사가 될 수 있다.

〈주관적 묘사〉

삼팔 접경의 이북 쪽 마을은 드높이 갠 가을 하늘 아래 한껏 고즈넉했다. 주인 없는 봉당에 흰 박통만이 흰 박통을 의지하고 굴러 있었다. 어쩌다 만나는 늙은이는 담뱃대부터 뒤로 돌렸다.

유의점은 치밀한 관찰이 필요하며 지배적 인상을 중심으로 의미 있는 것을 그려야 하고 일정한 순서에 의해 전개해야 한다.

(4) 논증

논증은 불확실한 사실이나 명제의 진실 여부를 밝혀냄으로써 독자가 그것을 옳다고 믿고 따라서 행동하게 하는 진술 방식이다. 즉, '무엇이 옳은가, 그것은 왜 읽어야 하는가, 우리는 어떻게 해야 하는가?' 등과 같은 문제들에 대하여 명확한 근거를 들면서 자기주장을 전개해 나가는 것이다.

논증법과 관련된 문단 전개 방식은 주장과 근거 관개로 전개하기, 인과 관계로 전개하기, 전제와 반론 관계로 전개하기, 일반화 관계로 전개하기, 전도 관계로 전개하기 등이 있다.

① **명제** : 명제는 논점의 성격에 따라 사실 명제, 가치 명제, 정책(당위) 명제로 나뉜다.

- 사실 명제 : 어떤 것이 사실(眞實)인가를 나타낸 명제(한글은 우리 민족의 얼이 담긴 말이다.)
- 가치 명제 : 어떤 대상에 대한 시비(是非)나 선악(善惡), 미추(美醜) 등의 가치판단을 내려놓은 명제(한글은 과학적으로 우수한 언어이다.)
- 정책(당위)명제 : 어떤 행동이나 상태가 바람직하다는 주장을 내세운 명제(한글은 과학적으로 우수한, 우리 민족의 얼이 담긴 말이므로 우리는 그것을 더욱 가꾸고 사랑해야 한다.)

② **논거** : '논거'는 명제의 타당성이나 진실성을 뒷받침하기 위하여 쓰이는 논리적

증거이다.

- 사실 논거 : 누구나 다 객관적으로 인정할 만큼 확실하고 구체적이며 현실적인 사실이나 실험적인 사실을 말한다.
- 소견 논거 : 제 3자로부터 얻은 사실 자료이다. 그 방면의 '권위자나 전문가의 소견'이나 '경험자나 목격자의 증언'이 이에 해당한다. 소견 논거는 공정성과 확실성을 갖추지 못하면 설득력을 획득하기 어려우므로 소견 자료의 선택에 특히 유의해야 한다.

⇒ 사실 논거는 객관성을 띤 구체적인 것으로, 소견 논거는 그 권위가 충분히 인정되는 것으로 사용해야 한다.

③ **추론** : 논거를 활용하여 명제의 정당성을 입증하는 과정을 말한다. 추론을 할 때는 관계되는 모든 사실이 철저히 검토되어야 하며, 논리적 비약이 없어야 한다.

- 연역 추리 : 전제와 결론 간에 필연적인 인과 관계가 있으며, 일반적인 원리의 전제를 이용하여 특수한 경우의 결론을 이끌어내는 데 사용된다.
- 귀납 추리 : 개별적 사례나 현상으로부터 일반적 원칙을 도출해 내는 사고 과정이다. 전제와 결론 사이에 개연적 관계를 가진다.

④ **논증에서의 유의점** : 논증(추론)은 다음 절차에 따라 이루어지는 것이 좋다.

- 주어진 주제(화제)를 분석하고, 이에 대해 찬성과 반대의 입장에서 내세울 수 있는 견해나 주장들을 충분히 생각해 본다.
- 자신이 내세우고자 하는 논점들을 이와 비교하여 검토해 보고, 그 논점들 가운데서 핵심이 되는 논점을 정하여 이를 명제로 나타낸다.
- 정한 명제를 연역법과 귀납법 중 어느 추론 방식으로 논증해 나가는 것이 좋은지를 살펴 알맞은 추론 방식을 정한다.
- 추론 유형을 고려하여, 주 논점을 중심으로 전개할 수 있는 보조 논점, 부수적인 논점들을 정리하고 이를 체계적으로 나타내 본다.
- 각 논점들에 대해 충분히 뒷받침할 수 있는 논거들을 수집하여 정리해 본다.

• 각 논점들을 내세우고 논거를 들어 뒷받침해 가면서 추론해 나간다.

2) 수사법

수사법은 비유법 · 강조법 · 변화법으로 나뉜다.

비유법은 표현하고자 하는 대상을 유추관계가 성립될 수 있는 다른 대상에 빗대어서 표현하는 방법이다. 표현하는 대상을 원관념 · 주지라 하고 비교되는 대상을 보조관념 · 매체라 한다. 비유법에는 직유법 · 은유법 · 제유법 · 환유법 · 의인법 · 활유법 · 풍유법 · 의성법 · 의태법 등이 있다.

강조법은 표현하려는 대상이나 내용을 더 강렬하게 나타내려는 기법으로, 주로 대상에 대해 지니고 있던 익숙한 느낌에서 오는 평이함을 깨뜨리는 데 목적이 있다. 강조법에는 과장법 · 영탄법 · 반복법 · 미화법 · 점층법 · 점강법 · 열거법 · 억양법 · 연쇄법 등이 있다.

변화법은 문장이 단조롭고 지루하게 느껴지지 않도록 어구나 서술의 변화로 느낌을 새롭게 하는 기법으로, 설의법 · 도치법 · 대구법 · 대조법 · 반어법 · 돈호법 등이 있다.

(1) 비유법은 수사법 가운데 가장 널리 알려진 것으로, 표현하고자 하는 대상을 유추 관계가 성립될 수 있는 다른 대상에 비겨서 표현하는 방법이다. 표현하는 대상을 원관념 또는 주지(主旨)라 하고 비교되는 대상을 보조관념 또는 매체라 한다. 이때 두 대상의 유추 관계는 일상적인 의미 영역을 뛰어넘으면서도 인간의 공통된 경험에 의해 인정받을 수 있는 것이어야 한다. 비유법에는 직유법 · 은유법 · 제유법 · 환유법 · 의인법 · 활유법 · 풍유법 · 의성법 · 의태법 등이 있다.

① 직유법은 원관념과 보조관념을 '마치 · 처럼 · 같은 · 마냥 · 듯이' 등의 요소에 의해 직접 대응시켜 비교하는 방법이다.

〈예〉 꽃처럼 귀여운 우리 아가야, 황금의 꽃같이 굳고 빛나던 옛 맹세

② 은유법은 두 대상의 유사성을 암시하면서 비교하는 방법이다.

〈예〉 나는 한 마리의 어린 짐승, 소녀는 한 송이 국화꽃

③ 제유법은 부분으로 전체를 표현하거나 전체로 부분을 표현하는 방법이다.

〈예〉 칼로 일어선 자는 칼로 망한다.

④ 환유법은 사물과 사물 사이의 공간이나 시간 또는 논리적 인접성을 환기시켜 표현 대상의 특징을 두드러지게 하는 방법이다.

〈예〉 '사각모' → '대학생', "오늘의 땀이 내일의 웃음"에서의 '오늘'과 '내일'이 각각 현재와 미래를, '땀'과 '웃음'이 노력과 성과를 뜻하는 경우

⑤ 의인법은 활유법과 같은 것으로 보기도 하나 의인법은 무생물에 인격을 부여하여 사람처럼 표현하는 방법이다.

〈예〉 마른 논을 안고 도는 착한 도랑이 젖먹이 달래는 노래를 하고

⑥ 활유법은 무생물을 사람이 아닌 동물에 비겨서 표현하는 방법이다.

〈예〉 울부짖는 바람, 파도가 으르렁거리며 달려들었다.

⑦ 풍유법은 우의법이라고도 하며 보조관념을 통해 원관념을 간접적으로 드러내는 방법으로서, 주로 속담이나 격언 등에 많이 쓰인다.

〈예〉 똥이 무서워서 피하냐 더러워서 피하지, 손바닥으로 하늘을 가릴 수 있으랴 등

(2) 강조법은 표현하려는 대상이나 내용을 더 강렬하게 나타내려는 기법으로, 주로 대상에 대해 지니고 있던 익숙한 느낌에서 오는 단조로움과 평이함을 깨뜨리는 데 목적이 있다. 강조법에는 과장법 · 영탄법 · 반복법 · 미화법 · 점층법 · 점강법 · 열거법 · 억양법 · 연쇄법 등이 있다.

① 과장법에는 사물을 실제보다 작게 표현하거나 작은 것을 크게 표현하는 2가지가 있다.

〈예〉 눈곱만큼 작다, 쥐꼬리만한 봉급, 하늘이 무너지는 슬픔, 고래등 같은 기와집

② 영탄법은 고조된 감정에서 나오는 격정을 그대로 드러내는 방법이며 주로 감탄사, 감탄형 어미, 감탄 부호 등이 쓰인다.

〈예〉 아아, 님은 갔지만 나는 님을 보내지 아니하였습니다, 돌아설 듯 날아가며 사뿐히 접어올린 외씨 보선이여!

③ 반복법은 의미를 강조하거나 흥취를 돋우기 위해 단어 · 어구 · 문장을 되풀이하는 방법이다.

〈예〉 산에는 꽃 피네 꽃이 피네/갈 봄 여름없이 꽃이 피네

④ 미화법은 추한 것을 아름답게, 평범한 것을 뛰어나게, 불완전한 것을 완전하게 표현하는 방법이다.

〈예〉 도둑을 '밤손님'이나 '양상군자'(梁上君子)로 표현하거나 개를 '견공'(犬公)으로 표현하는 경우이다.

⑤ 점층법은 내용을 점차 강하고 힘 있는 것으로 확대하는 방법이고 점강법은 그와 반대로 내용을 점차 약하고 작은 것으로 좁혀가는 방법이다.

〈예〉 점층법 "가족을 위하여, 사회를 위하여, 국가를 위하여"
점강법 "저 끝에선 황소만하게 밀려오더니 방파제께로 올수록 작아져 강아지만 해지고, 곧 암탉으로 되더니"

⑥ 열거법은 비슷한 내용이나 성격을 지닌 단어 · 어구 · 문장을 나열하는 방법이다.

〈예〉 놀부는 오장 칠보를 지녔으니 그 하나는 심술보라, 호박에 말뚝박기, 똥 누는 애 주저앉히기, 애밴년 배차대기, 옹기전에 말달리기, 우는 애기 볼기치기

(3) 변화법은 문장이 단조롭고 지루하게 느껴지지 않도록 어구나 서술에 변화를 주어 느낌을 새롭게 하는 기법으로, 설의법 · 도치법 · 대구법 · 대조법 · 반어법 · 돈호법 등이 있다.

① 설의법은 단조로운 문장의 흐름에 변화를 주기 위해 일부러 의문투로 끝맺어 독자로 하여금 다시 한번 생각하게 하는 방법이다.

〈예〉 그칠 줄 모르고 타는 나의 가슴은 누구의 밤을 지키는 등불입니까?

② 도치법은 어순을 뒤바꾸어 변화를 주는 방법이다.

〈예〉 아! 누구인가, 이렇게 슬프고도 애닲은 마음을 맨 처음 공중에 달 줄을 안 그는

③ 대구법은 비슷한 가락을 지닌 구절을 나란히 늘어놓거나 맞세워 문장의 흐름에 변화를 주는 방법이며 한시나 고대 시가에 많이 사용되었다.

〈예〉 산천은 의구하되 인걸은 간 데 없다.

④ 대조법은 어떤 대상을 강조하기 위해 그와 반대되는 대상을 들어 표현하는 방법이다.

〈예〉 인생은 길고 예술은 짧다.

⑤ 반어법은 표현하려는 뜻과는 반대되는 내용을 드러내는 방법이다.

〈예〉 귀여운 아기를 보면서 "녀석, 참 밉게도 생겼다"라든가, 인색할 경우에 "참 푸지게도 준다"라는 경우이다.

⑥ 돈호법은 사람이나 사물의 이름을 불러 흥취와 멋을 돋우거나 독자나 청중의 주의를 환기시키는 방법이다.

〈예〉 잊지 못한 나의 강산아!, 여러분

능력 높이기

※ 아래의 주제를 하나 선택하여 개요를 작성하고 한 편의 글을 써보자.

주제	① 댓글 문화 ② 환경 오염 ③ 수업 예절 ④ 양심적 병역 거부
조건	1. 4개의 문단으로 설계하되 문단의 번호를 표시한다. 2. 주제문과 중심문장은 평서형으로 작성한다. 3. '원인–대책', 또는 '근거–주장'을 포함하여 작성한다. 4. '대책'이나 '주장'은 논리에 맞게 작성한다.

03
Chapter

글쓰기의 실제

학습목표

1. 비평의 개념과 비평문의 구성을 이해한다.
2. 대학보고서를 정확하게 쓸 수 있다.
3. 구성주의 독서에 대한 이해를 바탕으로 능동적인 읽기와 쓰기를 할 수 있다.
4. 자기소개서 작성의 취지를 이해하고, 취업용 자기소개서를 작성할 수 있다.

1. 비평적 글쓰기

1) 비평이란

비평은 사건, 시사 문제, 또는 그와 관련된 말이나 글(text)에 대하여 그 가치나 시비, 영향 등을 따져서 평가함을 뜻한다. 다시 말해서 어떤 사안이나 텍스트의 뜻이나 가치, 옳고 그름 등에 대해 논리적으로 비판하는 글이다. 따라서 비평은 특정 사안에 대해서 글쓴이의 주관적인 주장이 들어있으며, 그것을 뒷받침하기 위한 객관적인 근거를 제시 하는 경우가 많다.

비평문은 대개의 경우 문제제기를 통해서 글쓴이가 자기의 주장을 펼치는 이유를 먼저 밝힌다. 그리고 그 사안이 어떤 상황이며, 무엇이 문제인지 그리고 그 원인은 무엇인지를 차례로 서술하게 된다. 그리고 마지막에는 그것에 대한 가치판단이나 비판 혹은 해결책을 제시한다.

① **비평이란** : 사건, 시사 문제, 또는 그와 관련된 말이나 글(text)에 대하여 그 가치나 시비, 영향 등을 따져서 평가함을 뜻함
② **비평을 읽을 때 유의할 점** :
㉠ 글쓴이가 그러한 주장을 하게 된 배경을 살펴야 한다.
㉡ 그 주장이 어떤 방법으로 전개되고 있는지를 파악하여야 한다.
③ **비평의 종류** : 서평, 영화평, 시사평, 칼럼 등

2) 비평문의 구성 및 실제

글은 대개 처음(서론)－중간(본론)－끝(결론)의 3개 부분으로 이루어져 있다. 각 부분은 다시 여러 문단으로 구성되어 있으며 이 문단은 서로 연결되어 한 편의 글을 이룬다. 즉 문장이 여러 개 모여서 한 문단이 되고, 이 문단이 다시 여러 개 모여서 한 편의 글이 된다. 문단은 하나의 생각을 나타내는 글의 기본 단위이다. 따라서 중심문장과 그것을 부연 설명하는 뒷받침 문장으로 한 문단이 구성된다.

이러한 문단의 특성은 통일성이 있어야 하며 문장과 문장의 관계가 긴밀하게 이어져야 한다. 이처럼 한 편의 글은 여러 개의 문단으로, 또 문단은 여러 개의 문장으로 구성되어 있다. 여기서는 한 편의 글을 이루고 있는 여러 개의 문단을 그 의미에 따라서 처음(서론)－중간(본론)－끝(결론)으로 나누어 각 부분의 특징에 대해서 설명하기로 한다.

(1) 서론 쓰기

아무리 급하더라도 일에는 순서가 있는 법이다. 무작정 서둔다고 빨리 해결되지 않는 것이 우리들의 일이다. 글쓰기도 마찬가지이다. 주장하고자 하는 것을 분명히

하기 위해서라도 순서를 잡아서 써야 독자가 쉽게 이해 할 수 있다. 이렇게 본격적으로 주장을 펼치기 전에 쓰는 글을 서론이라 한다. 서론은 글의 첫머리에 해당하는 부분으로 '글 머리에', '머리말' 등의 다른 이름을 붙이기도 한다. 서론에는 다음 세 가지가 분명히 나타나야 한다. 첫째, 글을 쓰는 이유가 분명해야 한다. 무엇 때문에 내가 이 주제로 글을 쓰는지를 분명히 해야 앞으로 전개될 주장이 일관성을 유지할 수 있다. 이는 여행을 떠날 때 어디를 가야 하는지를 정해야 다른 준비가 수월해지는 경우와 같다고 하겠다.

이렇게 서론에서 글을 쓰는 목적과 방향을 밝히면 한결 더 논리적인 글이 된다. 이 부분에는 문제제기, 다른 사람들의 의견 소개, 주장의 방향 등을 써서 글의 방향을 잡는 것이 중요하다. 흔히 글의 첫머리에 자기의 경험을 중심으로 편안한 상태로 이야기를 전개하면 읽는 사람도 쉽게 호감을 가지고 내가 펼치는 주장에 귀를 기울이게 된다고 한다. 그러나 이렇게 하면 멋있어 보이지만 첫 문장 쓰기가 매우 힘든다. 이것은 글쓰기가 어느 정도 익숙해 진 뒤로 미루는 것이 좋다. 대신 왜 이런 주제로 글을 쓰는지에 대한 이유를 밝혀야 한다. 이것을 문제제기라 한다. 가령 '학교 내에서 학생의 인권은 존중되어야 한다'는 주제로 글을 쓴다고 하자. 왜 이 주제로 글을 쓰려고 하는가. 그 이유는 분명하다. 교내에서 학생의 인권이 존중되고 있지 않기 때문이다. 이것이 문제제기이며 글을 쓰는 이유이다. 다시 말하면 문제제기는 주어진 주제가 현실에서 결핍되어 문제가 발생하고 있다는 것이다.

다음은 주제에 대한 다른 사람의 의견이 어떤지를 소개하여야 한다. 왜냐하면 이 주제에 대해서 내가 처음으로 글을 쓰는 것이 아니라 이미 다른 사람들이 의견을 제시한 경우가 많기 때문이다. 또 주제에 대한 심각성을 나타내기 위함과 동시에 나의 주장의 방향성을 드러낼 수 있다. 즉 어떤 사안에 대해서 다른 사람들은 이렇게 생각하지만 나는 그와 다르게 생각한다든지 아니면 그 생각에 공감하고 동조한다든지 하는 자기의 주장을 밝히기 위함이다. 따라서 어떤 의견들이 나왔는지에 대해서 그 대략을 소개한 후 자신의 주장을 펼치는 것이 효과적이다.

마지막으로 내가 주장하고자 하는 방향이 무엇인지를 언급하여 글의 논지를 분명히 해 둘 필요가 있다. 주장하려는 방향을 제시함으로써 앞으로 전개될 사항을 독자에게 미리 알려주어야 한다. 즉 주제에 대한 주장의 방향과 관점 등이 나타나도록 주제문을 작성한다. 이처럼 서론 부분은 세 문단으로 구성하면 글이 논리적일 뿐 아니라 본론 쓰기도 수월해 진다.

그런데 설득하는 글(논설문)이 아니라 정보를 전달하는 설명문이라면 어떻게 해야 할까. 이것도 마찬가지이다. 내가 왜 이 정보를 전달하려고 하는가를 생각해 보면 된다. 즉 최근에 많은 사람들이 이용하고 있다든지 아니면 생활하면서 그것에 대해서 알아두면 편리하다든지 하는 이유가 있을 것이다. 이렇게 글 쓰는 이유를 밝히고 어떻게 설명할 것인지에 대해서 쓰면 된다. 글쓰기는 특정 사안에 대한 자기의 주장을 펼치는 글이기 때문에 시작부터 신중하게 문제제기를 하고 분명한 개념 정리를 바탕으로 주장을 펼쳐야 논리가 명확해진다. 이러한 구체적인 내용을 표로 정하면 다음과 같다.

서론

㉠ **문제제기** : 이 주제에 대해서 글을 쓰는 이유를 밝히는 부분인데, 일상에서 일어나는 일 중에서 사회적인 문제가 되는 것을 주로 언급한다. 사회적 문제는 어떤 사안이 지속 반복됨으로써 다른 누군가에게 피해가 나타나는 상황을 말하며, 이것은 이상적인 것의 현실적 결핍을 의미한다. 이런 문제를 중심으로 논제에 대해서 글을 쓰는 이유를 밝히면 된다.

㉡ **다른 사람들의 견해 소개** : 이 주제에 대해서 내가 처음으로 쓰는 글이 아니라면 이미 다른 사람들이 어떤 의견을 가지고 있는지를 요약하여 제시하여야 한다. 그래야 내 글의 범위와 방향을 잡을 수 있다. 그렇지 않으면 다른 사람이 한 의견을 그대로 재탕하는 식상한 글이 되고 만다.(찬성-반대 의견, 서로 다른 입장 등)

㉢ **주지문** : 문제제기, 다른 사람들의 견해 소개한 후에는 내가 주장하고자 하는 방향이 무엇인지를 언급하여 글의 논지를 분명히 해 둘 필요가 있다. 즉 주제에 대한 주장의 방향과 관점 등이 나타나도록 주제문을 작성한다.

문제제기의 다양한 방법

㉠ 개념이나 정의로 시작하는 경우
㉡ 주장하고자 하는 주제에 대해서 주변사람들이나 자신이 일상생활 속에서 경험한 일 등을 소개하면서 시작하는 경우
㉢ 주제와 관련된 속담이나 명언, 역사적 사실, 통계 자료 등을 인용하여 문제제기를 유도하는 경우

(2) 본론 쓰기(1) : 〈상황-문제-원인-해결책〉형

비평문의 본문은 제시한 명제를 효과적으로 설득하는 부분이다. 효과적인 설득을 위해서는 적절한 논증과 글의 구성이 필요하다. 무엇보다 주의 할 사항은 글의 일관성을 유지하는 것과 구체적인 사례(논거)를 이용하여 자세하게 쓰는 것이다.

본문의 구성은 열거형, 문제-원인-해결책형, 비교 논리적인 글형, 정-반-합의 변증법형 등 흔히 네 가지 방법을 이용한다. 가장 많이 알려진 방법인 '열거형'은 자기의 주장에 대한 부연설명이나 논거를 첫째, 둘째, 셋째 …… 등으로 나열하는 경우이다. 이는 지나치게 일률적이고 단조로운 단점이 있다. 두 번째 방법으로 '문제-원인-해결책형' 이 있다. 이는 어떤 사실에 대한 문제점을 찾고 그에 대한 원인과 해결책 등을 서술하는 형태이다. 다음으로 '비교 논리적인 형'이 있다. 이 방법은 둘 혹은 그 이상의 자료를 비교하면서 유사성이나 차이성을 중심으로 추론을 하는 방법이다. 이 경우 주의할 사항은 비교의 대상이 동일한 차원(사물을 구별 짓는 중요한 특징)이어야 한다는 것이다. 마지막으로 '정-반-합의 변증법형'이 있다. 주어진 명제를 정(正)이라 할 때 이 정이 안고 있는 모순을 반(反)에서 제시하는 경우이다. 그리고 이러한 반을 중심으로 기존의 정에 대한 새로운 정의(合)를 내리는 방법이다. 이 새로운 합은 또 정이 된다. 이러한 사고방법으로 명제를 증명해 가는 방법을 말한다.

다양한 본론 구성 방법

㉠ 열거형
㉡ 상황-문제-원인-해결책형
㉢ 비교 논리적인 글형
㉣ 정-반-합의 변증법형

열거형은 특별한 어려움이 없으니 생략하기로 하고 '상황-문제-원인-해결책'형부터 예를 들기로 한다. 요즘 스마트폰 사용의 증가에 따라 청소년들의 스마트폰 중독 현상이 나타나고 있는 사회적 상황을 대상으로 한 개요작성의 예를 살펴보자. 이와 관련된 내용을 주제문으로 '상황-문제-원인-해결책'형의 개요 짜기를 다음과 같이 할 수 있다.

〈시사비평 글의 개요 예시-학생글〉

심각한 사회문제로 확대된 청소년들의 스마트폰 중독

주제: 스마트폰 중독의 심각성을 알고 그 예방책을 마련해야 한다.

Ⅰ. 서론

1. 문제제기

① 스마트폰에 중독되어 가는 청소년들이 늘어나고 있다.
② 스마트폰 중독은 매사에 집중을 하지 못하는 등 불안감을 증대시킨다.

2. 스마트 폰에 대한 다른 견해

① 스마트 폰은 전화뿐만 아니라 정보검색, 메시지 전송 등 편리한 점이 많다.
② 스마트폰을 활용한 무분별한 정보 검색과 게임은 여러 가지 문제를 야기 한다.

3. 주장의 방향

스마트 폰 중독의 심각성을 알고 그 해결책을 찾아야 한다.

Ⅱ. (본론) 심각한 사회 문제로 확대된 스마트 폰 중독

1. 중독의 개념 및 상황

① 스마트 폰 중독이란 : 인터넷 사용에 있어 자율적통제가 불가능할 뿐만 아니라 병적으로 집착하여 인터넷을 사용하는 증상을 말한다.

② 스마트 폰 중독 상황

- 광주교육청 2013년 청소년 스마트폰 실태 조사에 의하면 스마트폰 사용 초등학교 4학년 학생 중 조사 대상자의 약 5% 정도가 중독이 의심되는 위험 주의군에 해당, 중학교 1학년은 22.6%, 고등학교 1학년은 30%에 해당
- 이는 2012년 조사(중학생 10.2%, 고등학생11.7%)때 보다 2배 이상 급증한 상태임

③ 스마트폰 중독이 되는 아동청소년의 연령이 점차 낮아지고 있다.

2. 스마트폰 중독으로 인한 피해(문제점)

① 과도한 스마트폰 사용으로 학업 및 가정, 친구 관계에 악영향을 미쳐 현실과 가상공간을 구별 못하고 있다.

② 스마트폰 중독은 전두엽 기능을 저하시켜 청소년이 일상에 집중하지 못하고 인격이 파괴되고 있으며 가정이 붕괴되고 있다.

③ 스마트폰 중독의 고위험군 청소년들은 자기감정조절이 불가능하기 때문에 다른 위험상황을 초래 할 수도 있음.

3. 스마트폰 중독의 원인

① 이에 대한 실태 파악, 치료적 연구결과가 부족하고 정책적 지원이 부족하다.

② 스마트폰 해소하기 위한 예방프로그램들이 마련되어 있지 않다.

④ 최근 청소년들이 즐겨 하는 온라인 게임은 과거의 전자오락과 달리 인터넷으로 연결된 다른 이용자들과 함께 하는 것이어서 중독이 더욱 강하다.

4. **해결책**

① 이에 대한 실태 파악, 치료적 연구, 정책적 지원이 이루어져야 한다.

② 스마트폰을 사용하는 시간 자체를 점차 줄여야 하고, 여가시간에 인터넷 외에 운동, 독서 등의 다른 취미생활을 유도하는 예방프로그램을 개발해야 한다.

③ 전문 상담 기관을 찾아 적절한 조치를 취해야 한다.

Ⅲ. 결론

효약 및 전밍

참고자료

1. 김○환, 「인터넷게임 중독, 심각한 뇌 질환으로 이어져」, 『○○신문』, 2018. 10. 5.
2. 이태○, 「부모의 방학숙제, 우리 아이 '게임중독' 잡아라」, 『○○일보』, 2019. 10. 5.
3. 김기자, 「청소년 스마트폰 중독 대책 없나」, 『○○일보』, 2019. 7. 31.

이와 같이 개요를 구성하면 자신의 주장을 분명하게 나타낼 수가 있다. 이 '상황-문제-원인-해결책'의 방법은 문제의 원인을 쉽게 정리하기 때문에 설득하는 내용이 분명하며 글의 전개과정도 분명하여 다른 사람들의 공감을 쉽게 얻을 수 있다. 이처럼 본론은 자기가 주장하려는 바를 구체적인 사례를 들어가면서 논리적으로 전개하여, 설득하는 것을 충분히 표현할 수 있어야 한다.

(3) 본론 쓰기(2) : 〈정-반-합〉의 변증법형

모든 사물은 변증법적인 발전 법칙에 의해서 끊임없이 운동하고 변한다. 변증법이란 공존할 수 없는 두 개의 대립되는 개념이 있을 때 두 개념을 지양하여 한 차원 더 높은 개념으로 통일하는 방법을 말한다. 이는 자연의 이치이기도 하지만 사회적 변화에도 그대로 적응된다고 볼 수 있다. 변증법적 특징으로 잘 알려진 것이 正-反

–合의 발전 법칙이다.

정(正)의 단계는 1차 적으로 제시된 명제(正)가 대립되는 모순을 안고 있는 명제이다. 그러나 이 단계에서는 그 자신 속에 포함하고 있는 모순을 알아채지 못한다. 이를 검토하는 과정에서 자체적으로 안고 있는 모순을 부각시켜 겉으로 드러내는 단계를 反의 단계라 한다. 이는 서로 상반되고 완전히 반대되는 두 개념을 두고 하나는 正, 다른 하나는 反이라 하는 것이 아니라 한 단계에서 모순을 안고 있지만 겉으로 드러내지 않고 있는 단계를 正이라 한다. 그리고 反은 나타나지 않고 있는 모순을 정의 단계에서 찾아내는 것을 의미한다. 이런 두 단계가 서로 대립되어 있다가 원래의 正단계보다 한 차원 더 높은 질적인 발전을 하여 하나의 통일체를 이루는 것을 合이라 한다.

이러한 변증법적인 발전 법칙을 논리적인 글문 작성의 본론 쓰기로 활용하는 것을 '正–反–合 형'이라 한다. 즉 주어진 명제에 대해서 그 자체가 안고 있는 문제점(대립적인 관점)을 찾아내어 反으로 설정하고 正과 反을 각각 검토하여 보다 나은 방향으로 문제해결을 제시하는 방법을 말한다.

①**(정)** 서민층 아파트는 비좁기 때문에 자주 쓰이지 않는 물건이나 자전거 등을 복도나 통로에 쌓아두고 있다.
②**(반)** 아파트 통로는 비상시 탈출구의 역할을 함으로 자전거 등 여러 가지 물건을 적재해 두면 소방법에 따라 처벌받게 된다.

위의 두 가지 명제에서 ①은 그 스스로 ②의 문제를 안고 대립되고 있다. 이때 우리는 각각의 명제를 지양적으로 살펴서 문제의 본질에 접근해야 한다. 이때 지양적이란 '유지하면서 다른 단계로의 이동을 추구'하는 것을 의미한다. 즉 ①에서 중요한 문제인 ②를 찾아낼 때 근본적인 통로의 적재물 문제를 해결할 수 있으며 근본적인 대책을 찾게 되는 것이다. 이런 사고가 없으면 늘 문제를 안고 미봉책으로 사태를 덮게 되는 오류를 범하게 된다. 그래서 본질적이고 한 차원 더 높은 단계의 해결책을 ③으로 제시하여야 한다.

③(합) 아파트 통로는 비상탈출구의 역할을 함으로 적재물을 쌓아 둘 경우 최소한의 통로를 확보하여야 한다. 그렇지 않으면 소방법에 따라 처벌받게 된다.

이때 ③은 ①과 ②의 통일에 의한 해결책이면서 정(正)의 단계보다 한 차원 더 높고 명확한 명제로 발전된 개념이 된다. 이를 합(合)이라 한다.

이와 같이 본문을 쓰면 문제 파악 능력이 뛰어나며 정확한 관점으로 대상을 바라볼 수 있는 장점이 있다. 한편 해결책의 제시도 명확하고 객관적인 차원에서 본질적인 해결책을 제시 할 수 있어 창의적인 문제 해결 능력을 가질 수 있다.

능력 높이기 1

'대학축제'라는 핵심어를 바탕으로 문제제기를 한 후 비평문의 개요를 작성해 보자.

제목 : ______________________

주제 : ______________________

Ⅰ. 서론

1. 문제제기

____

2. 대학축제에 대한 다양한 견해

① ______________________

② ______________________

3. 주장의 방향

____

Ⅱ. (본론 제목) ______________________

1. (상황) ______________________

____

____

2. (문제점)

3. (원인)

4. (해결책)

Ⅲ. 결론(요약 및 전망)

참고자료

2. 대학보고서 작성

1) 보고서의 개념과 체계

(1) 보고서의 개념

보고서는 연구, 조사, 실험, 답사, 행사 등의 과정이나 결과를 다른 사람에게 일정한 양식에 맞추어 전달하는 글로서 논문의 일종이다.

① **협의의 개념** : 학생들의 지적 성취나 학술적 글쓰기를 위해서 작성되는 초보적인 글이므로 독창성이나 연구 중심의 글이라기보다는 '자료수집－요약－비판(대안, 정리 등)－결론' 도출의 초보적인 논문의 형식을 가진 글을 말한다.

② **광의의 개념** : 어떤 주제에 대하여 조사하거나 연구한 결과를 정리하여 정보를 제공하는 글. 주로 임무를 맡은 사람이 그것을 수행하고 그 내용과 결과를 상사나 관계자에게 알려주는 형식으로 작성한다. 그래서 보고문은 필자와 독자, 그리고 글의 소재와 주제가 한정되는 경우가 많다.

(2) 보고서의 종류

① **업무 보고서** : 행정 업무나 회사 업무 등을 보고하는 문서이다.

② **현지답사(조사) 보고서** : 사태가 발생한 현장에 나가 그 진전 상황을 관찰하고 진상을 파악하여 보고한 글이다.

〈조사 보고서의 체계〉

표지		보고서의 구별을 용이하게 하고 내용의 훼손을 방지한다. 보고서 제목, 과목명, 담당 교수명, 보고자의 정보 등을 적는다.
목차		목차의 항목이 적을 경우에는 표지에 목차를 적어도 무방하지만 대개 별도로 작성한다. 내용이 방대한 경우나 표 · 도표가 많을 경우에는 따로 표 목차, 도표 목차를 만들도록 한다.
서론	조사 배경 및 조사 목적	조사를 하게 된 동기 및 조사의 필요성을 진술하고 조사를 통해 얻고자 하는 결과를 진술해 이로 하여금 용도를 가늠하게 한다.

본론	조사 대상 및 조사 방법	다양한 방법 중에 보고서 작성을 위해 선정한 조사 방법 및 그 방법의 장단점을 서술한다.
	조사 항목	조사 내용이 의도에 부합하지 않더라도 조사 내용과 데이터를 인위적으로 조작해서는 안 된다.
	조사 결과	그래프나 도표 등 시각적 자료들을 이용해 진술하는 것이 효과적이다.
결론	결론	조사의 의의, 조사, 결과에 대한 의의 등을 쓴다. 또 이 조사의 한계와 조사의 목적에 따른 보고자의 견해를 덧붙여 전망을 제시한다.
참고 자료 및 부록		보고서 작성에 참고한 자료와 문헌의 목록을 정리한다.

③ **연구 보고서** : 연구자가 맡은 연구 과제에 관해 조사, 실험, 탐색 등의 방법으로 면밀히 연구한 결과를 관계 기관이나 일반에게 알려주기 위해 작성한 보고문이다.

〈연구보고서의 체계〉

표지	보고서의 구별을 용이하게 하고 내용의 훼손을 방지한다. 보고서 제목, 과목명, 담당 교수 명, 보고자의 정보, 제출 일 등을 적는다.
요약문	보고서의 분량이 많은 경우 누구나 요약 부분만 읽더라도 연구의 결과를 분명히 파악할 수 있도록 일목요연하게 제시한다. 연구의 배경, 목적, 주제, 연상되는 연구 결과와 기대효과를 핵심만 간결하게 쓴다.
목차	목차의 항목이 적을 경우에는 표지에 목차를 적어도 무방하지만 대개 별도로 작성한다. 내용이 방대한 경우나 표 · 도표가 많을 경우에는 따로 표 목차, 도표 목차를 만들도록 한다.
서론	보고서의 주제, 주제 선정 이유, 내용 구성과 그를 위한 조사나 연구 방법, 가설 및 조사나 연구의 한계, 중요한 개념 정의, 결론의 요약 등이 포함된다.
본론	연구 주제에 대한 심층적인 논의가 이루어지는 부분으로 연구의 결론을 뒷받침하기 위한 보고자의 주제에 대한 해석과 그 해석을 뒷받침하는 근거들을 제시하여 결론의 타당성을 이끌어 내야 한다.
결론	본론의 논리적 귀결이므로 본론에서 다룬 내용을 벗어나지 않는 범위에서 논의의 요약, 연구 결과의 의의와 전망, 남은 과제 등을 제시한다.
참고 자료 및 부록	보고서 작성에 참고한 자료와 문헌의 목록을 정리한다. 또 본문에서 진술하기 어려운 참고자료나 조사의 데이터 등을 부록으로 첨부한다.

④ **실험 보고서** : 실험보고서는 하나의 가설을 설정해 두고 실험을 통해서 확인하고 검증한 결과를 작성한 보고서를 말한다. 여기에는 사물을 주의 깊게 관찰

하여 기록한 관찰보고서도 포함된다. 이러한 실험 관찰 보고서는 연구자가 조건을 제시해 놓고 그 결과를 기록하게 된다. 이때 주의할 것은 의도한 실험결과가 나타나지 않더라도 데이터를 조작해서는 안 된다.

〈실험 보고서의 체계〉

구분		내용
표지		보고서의 구별을 용이하게 하고 내용의 훼손을 방지한다. 보고서 제목, 과목명, 담당 교수 명, 보고자의 정보, 제출 일 등을 적는다.
목차		목차의 항목이 적을 경우에는 표지에 목차를 적어도 무방하지만 대개 별도로 작성한다. 내용이 방대한 경우나 표 · 도표가 많을 경우에는 따로 표 목차, 도표 목차를 만들도록 한다.
서론	실험 목적	실험의 배경과 내용, 실험을 통해 증명하고자 하는 가설을 진술한다.
	이론적 배경	관련 연구 소개나 실험에 필요한 개념들의 정의를 포함하기도 한다.
본론	실험 설계	실험 기간 및 대상, 실험에 필요한 장치나 도구, 실험 결과에 영향을 미칠 수 있는 변인 등을 기술하고 실험 방법 및 순서에 대해 구체적으로 진술한다.
	실험 결과	실험의 결과를 그대로 진술하며 실험을 통해 얻어진 정보는 도표나 그래프를 사용하면 효과적으로 전달할 수 있다.
	결과 분석	실험의 결과 가설과의 일치 여부를 진술하고, 일치하지 않을 경우 그 원인에 대한 분석을 진술한다.
결론	결론	실험 내용에 대해 요약하고 실험 결과가 가지는 의의를 진술한다.
참고 자료 및 부록		보고서 작성에 참고한 자료와 문헌의 목록을 참고문헌 작성법에 맞게 정리한다. 또 본문에서 진술하기 어려운 참고자료나 조사의 데이터 등을 부록으로 첨부한다.

(3) 보고서의 특성

① 객관적으로 서술

② 신속성을 생명으로 하는 글

③ 문제 해결의 성격을 보이는 글

(4) 보고서 작성과정

① 계획 수립 및 자료 수집

- 보고 목적, 필요성, 목표, 기간, 방법 등을 생각
- 실험, 답사 등에 대한 사전 계획을 세움

- 주제가 선정되면 공신력 있는 자료 수집(인터넷 등에서 근거 없이 떠도는 내용이 아니라 출처가 분명한 자료를 중심으로 선정)
- 연구사(研究史)를 두루 살펴봄
- 자료 해석 : 자료를 바탕으로 객관적이고 타당하게 작성
- 정확하고 풍부한 자료를 수집

② 조직하기 : 위에서 제시한 것처럼 서론–본론–결론으로 글을 구성한다.

③ 표현하기

- 용어를 정확하게 사용하고 표현을 간결하게 한다(평어체 사용).
- 핵심어 나열식이나 도표 제시 방식을 활용한다.
- 보고문은 사실을 전달하므로 모호한 해석을 낳을 수 있는 비유적 표현은 삼간다.
- 부정확한 표현, 주관적 단정은 피한다.
- 생생하게 쓴다. 보고서의 생명은 현장성에 있다. 독자가 실험과 답사, 관찰의 현장에서 읽는 착각에 빠질 정도의 사실적 기술이 필요하다.
- 있는 그대로 보고한다.
- 의문문, 명령문, 감탄문, 청유문 등은 사용하지 않는 것이 좋다.

④ 고쳐 쓰기

- 보고문의 형식이 갖추어졌는가?
- 제목, 소제목 등이 적절히 배치되어 있는가?
- 사진, 도표, 그림, 통계 등의 보충 자료와 참고 자료를 풍부하게 제시하였는가?
- 보고문의 주제, 작성 의의, 작성 동기, 필요성, 목적 등을 제시하였는가?
- 실험, 답사, 관찰 등의 조사 대상, 조사 방법, 조사 기간, 장소, 참가자를 밝혔는가?
- 조사 내용과 그 핵심을 육하원칙에 따라 밝혔는가?

(5) 보고서의 형식

① **표지** : 표지는 보고서의 구별을 용이하게 하고 내용의 훼손을 방지하기 위해서 작성한다. 따라서 보고서 제목, 과목명, 담당 교수 명, 보고자의 정보, 제출일 등을 적는다.

〈표지의 예〉

㉠ 〈조사 보고서〉

㉡ 글쓰기가 대학생의 의식함양에 미치는 영향

㉢

과 목 명 : OOOOO
담당교수 : OOO

제출일자 : OOOO년O월O일
제 출 자 : OOO
소 속 : OO대학 OO학과
학 번 : OOOOOOO

㉠ 표지의 좌측 상단에는 보고서를 구별할 수 있는 종류를 쓴다.

㉡ 보고서의 제목을 쓴다.

㉢ 과목명과 담당 교수 이름, 제출일자, 제출자의 이름과 소속 등을 쓴다. 이때 주의할 것은 모든 존칭은 생략한다. 예를 들어 '담당교수님', '홍길동 교수님' 등의 존칭은 쓰지 않는 것이 바람직하다.

② **목차** : 목차는 글의 전체내용을 개관하는 역할을 함으로 일목요연하게 정리하여야 함

③ **본문**

④ **참고문헌** : 참고한 서지사항은 참고자료 작성법에 따라서 반드시 밝혀야 함

(6) 보고서의 작성 시 주의사항

① 주제를 정확히 이해하고, 과제의 성격을 파악한 후 사실과 의견을 구별해야 한다.

② 보고할 내용이나 대상, 보고의 순서나 방법을 먼저 나타내어 체계적이고 쉽게 이해할 수 있는 간결한 문장으로 표현해야 한다.

③ 수식어나 과장된 표현은 삼가고 항목별로 정리하여 명료하게 나타낸다.

④ 객관적인 관점에서 사실에 입각하여 기술한다.

⑤ 보고자 개인감정, 선입관, 주관적 판단, 불공정한 태도를 배제한다.

⑥ 정확하고 구체적으로 표현하고 시각적인 보조 자료를 적절히 사용한다.

⑦ 목적, 기간, 내용, 방법, 인원, 지역 등의 내용들이 들어가도록 기술한다.

⑧ 참고자료와 인용 자료의 출처를 밝힐 것.

2) 인용과 주석, 참고문헌 작성법

보고서를 작성하다가 보면 기존의 연구 결과를 인용해야 하는 경우가 종종 있다. 자료나 다른 사람의 글을 인용할 때에는 주석을 달아 그 출처를 밝히고, 다른 사람의 견해와 자신의 견해가 뚜렷이 구분되도록 하여야 한다. 이렇게 근거 자료의 타당

성과 신뢰감을 주기 위하여 인용한 것이나 본문 속에서 다룰 수 없는 논의를 보충하기 위해서는 첨부하는 것을 주석이라 한다. 주석을 다는 방법에는 각주, 후주, 내주 등의 방법이 있다.

주석의 종류

① **각주** : 각 쪽마다 아랫부분에 줄을 짧게 긋고 본문 글자보다 한 치수 작은 글씨로 쓴다. 대학생들의 보고서에서는 각주를 가장 많이 쓴다.

② **후주** : 절이나 장, 또는 본문의 마지막 장의 끝에 주를 모아 번호를 붙여 쓴다.

③ **내주** : 인용한 본문 내용 바로 다음의 괄호 안에 쓴다.

다른 사람의 글을 인용하는 경우는 그 주장을 반박할 때도 인용하지만, 자신의 주장을 뒷받침 할 때도 사용한다. 인용의 방법에는 직접 인용과 간접인용 그리고 재인용의 세 가지 방법이 있다.

① **직접인용**: 원문을 바꾸지 않고 인용하는 것으로서, 주로 짧은 글은 큰따옴표(" ")로, 긴 글은 인용 문단을 따로 만들어 본문과 문단 사이를 한 줄 띄어 쓴다.

이것은 소년문사들이 동요에 대해서 느끼는 부담을 줄여서 자유롭게 표현하게 하여 그들을 유도하자는 취지이다.

> 첫재過去의童謠는 初期의自然生成속에 제멋대로자라난病的所産으로 淸算해버리자는것이며, 둘재純粹한童心의노래를불으자는 童心의純粹化運動과 셋재幼年作家를 誘導하자는것들이다.

신고송, 「새해의 동요운동(1)」, 『조선일보』, 1930. 1.1. 중에서

② 간접인용: 원문을 요약하거나 글쓴이의 말로 바꾸어 인용하는 것

즉 민족적 집단의 정서를 담는 기존의 동요에서 벗어나 새로운 내용인 계급적 아동의 현실을 담아야 하는 입장에서는 종전의 동요형식으로는 한계가 있을 수 밖에 없다. 따라서 새로운 형식의 동시로 변화하여야 한다는 것이 이 논쟁의 핵심이다. 한편으로는 소년시라는 실험적인 형식으로 계급성을 담으려는 시도도 엿보인다.

송완순, 「동시말살론」, 『중외일보』, 1930. 4. 26. 중에서

참고문헌 출전 표기법

① 단행본인 경우

㉠ 저자명, 『서명』, 출판사, 출판연도, 인용쪽수.
(예) 윤길동, 『영화 읽기』, 재미, 2019. P. 54.
㉡ 저자명(출판연도), 『서명』, 출판사, 인용쪽수.
(예) 윤길동(2019), 『영화 읽기』, 재미. P. 54.

② 공동 저서인 경우 대표 필자만 쓰고 나머지는 '외'로 표기한다.

(예) 박최경 외, 『화랑과 리더십』, 가꿈사, 2019. p. 35.

③ 학술 논문의 경우

저자명, 「논문 제목」, 『서명』, 권 호수, 출판사, 출판연도, 인용쪽수.
(예) 김이박, 「대학생의 글쓰기의 효과적인 방법 연구」, 『한국글쓰기연구』, 시학, 2019. pp. 65~76.

④ 학위 논문의 경우

저자명, 「논문 제목」, ㅇㅇ대학교 대학원, 학위 받은 연도, 인용쪽수.
(예) 한국이, 「대학생의 언어사용 실태 연구」, 한국대학교 대학원 박사학위 논문, 2019. pp. 65~76.

- 국문으로 된 문헌을 먼저 적고 외국문헌은 그 뒤에 알파벳 순서로 정리한다.
- 한 필자의 문헌이 여러 개 있을 경우는 연도순으로 정리한다. 이때 이름은 처음에만 쓰고 나머지는 줄표로 대신할 수 있다.

3) 글쓰기의 윤리

(1) 글쓰기의 부정행위

- 위조 : 존재하지 않는 자료나 연구 결과를 의도적으로 조작하는 행위
- 변조 : 연구 과정이나 결과를 인위적으로 조작하여 자료나 결과를 변형하여 연구 결과를 왜곡하는 경우
- 표절 : 다른 사람의 연구 결과를 정당한 절차나 방법에 따르지 않고 무단으로 도용하는 경우
- 부당한 논문 저자 표시 : 연구 내용에 대한 기여도를 부당하게 혹은 허위로 저자의 자격을 부여하는 경우, 저자의 기여도에 따라서 제1저자, 제2저자의 순으로 결정
- 교신저자 : 연구 논문의 전 과정을 책임지는 연구책임 저자
- 공동저자 : 연구에 참여하는 공동연구원 또는 보조연구원으로 연구과정에 중요한 정보를 상의하고 결론에 기여한 자

(2) 과제물 제출 전 확인할 사항

- 이 과제물을 준비하는데 있어 자료조사 등 그 수행을 성실하게 직접 하였는가?
- 인용한 자료(인터넷 자료 포함)의 내용을 왜곡하지 않았는가?
- 인용 자료의 도표나 데이터를 조작하지 않았는가?
- 잘 모르는 내용을 인용하면서 오독하지는 않았는가?
- 인용한 자료의 인용표시를 바르게 하였는가?

능력 높이기 2

다음 책의 내용을 인용하여 글을 썼을 때, 참고문헌 작성법에 맞게 서지정보를 작성하시오.

① 단행본

영화 포스터로 배우는 외래어 표기법, 국어의 로마자 표기법

★★★★★ **0.0** 네티즌리뷰 **0**건

저자 박성호 양성원 2016.07.30

페이지 213 ISBN ? 9791187118558 판형 규격외 변형

도서관 소장 정보 국립중앙도서관

도서 **12,610**원 ~~13,000원~~ -3%

구매혜택 상세보기 > ♡3

---

② 학위논문

논문제목 : 인공지능 기반 컨택센터 시스템 연구

저자 : 김이박

학위논문 사항 : 학위논문(박사), 한국대학교 대학원 산업정보시스템 전공

출판년도 : 2020. 2.

---

3. 감상문 쓰기

1) 사회변화와 구성주의 독서

인류의 역사를 돌이켜 보면 독서의 중요성이 강조되지 않은 적이 없다. 각 시대마다 저마다의 이유를 들어 책읽기를 강조하였다. 읽기를 권장하는 것은 사회변화와 맞물려 있다. 수직적인 산업화 시대와 권위적인 독재의 시대를 지나서 다양성의 가치를 존중하는 시대로 바뀌었다. 한편 정치권의 민주화 바람은 대등의식으로 이어져 사회 전반을 횡적 사회로 변모시켰다. 이런 시대적 변화에 걸 맞는 시민으로서의 삶은 자기의 생각을 다른 사람에게 분명하게 전달하고 다른 사람의 의견을 정확하게 이해하는 소통의 삶이어야 한다. 즉 대상을 읽는 눈과 사고의 새로운 발상을 요구하는 시대가 되었다.

이처럼 읽기는 생산양식과 사회의 변화에 따라 그 목적이 달라졌다. 과거 농경사회나 산업사회는 정확한 지식을 얻는 것이 목적이었다. 특히 수직적 위계질서가 엄격했던 유교사회나 독재시대에는 텍스트가 주는 메시지가 중요하였다. 그래서 요지 파악이 가장 우선되었고, 그에 대한 다양한 관점과 해석을 제한하였다.

농경사회에는 농사관련 지식과 정보를 아버지로부터 전수 받아야 하고, 유가적 질서에서는 위계질서의 권위가 엄격히 지켜져야 하기에 연장자의 주장이 곧 진리인 듯이 수용되어야 한다. 한편 산업사회는 단순 반복되는 분업의 효율성을 강조하였기에 다양성 보다는 스트레이트로 전달되는 지식이 중요했으며 보다 많은 양을 주입하는 것이 필요했다. 이러한 사회적 분위기는 읽기에도 그대로 적용 되어 사실 요약과 주제파악에 그치게 된다.

〈사회변화와 독서 방법〉

사회 모습	독서의 방법	기대 효과
산업사회	의미를 주입하는 목적 중심의 독서 (텍스트 중심의 읽기)	지식과 정보를 얻고 인격 함양
정보사회	의미를 재구성하는 과정중심의 독서 (구성주의 독서)	의미의 재구성, 문제 해결 및 의사소통 능력 향상, 자기주도적인 읽기습관 향상

그러나 지금처럼 지식과 정보가 넘쳐나는 정보화 시대는 지식활용 능력과 그것을 재창조하는 능력이 중요하다. 우선 정보의 양이 넘쳐나기 때문에 참과 거짓을 가리기가 어렵다. 검증되지 않은 불확실한 정보가 오히려 혼란을 가중시키고 있다. 한편 지금의 정보사회는 분업의 효율성을 강조하는 것이 아니라 창의적인 사고를 요구한다. 아울러 사회적 분위기도 수직적인 위계사회에서 수평적인 평등의 사회로 전환되었다. 따라서 주체가 해체되고 타자를 인정하기에 이르렀다. 이런 실재적인 변화는 읽기에 있어서도 사실요약에만 머무는 것이 아니라 다양한 관점을 이해하고 해석하며, 비판적 수용을 요구한다. 아울러 하나의 정보를 다른 정보와 적용하거나 재결합하는 등의 창의적인 사고력까지 요구하고 있다. 따라서 정보화시대의 책읽기는 이해력(사실 독해)과 비판적 사고력, 창의력 등의 통합적 사고가 필요하다. 텍스트의 내용에 대해서 누구로부터 설명을 듣는 것이 아니라 스스로 읽는 과정에서 의미를 도출해야 하는 적극적인 읽기가 필요하다.

지금까지 설명했듯이 읽기는 의미를 구성해 나가는 역동적인 대화의 과정이다. 독자는 글쓴이의 의도를 파악하고 글에 나타난 단서들을 종합하여 의미를 구성하기도 하고, 미완성된 부분을 채워 넣기도 한다. 그리고 그 내용을 확장시키기도 한다. 또한 텍스트를 읽은 후에는 내용을 파악하는 데서 끝나는 것이 아니라, 내용 파악을 바탕으로 자기의 생각을 정리해야 한다. 그 가운데 사고를 확장시켜나갈 수 있다.

이러한 읽기는 독자의 태도가 매우 중요하다. 바로 능동적인 읽기의 자세인데, 여기에는 두 가지 방법이 있다. 먼저 맥락읽기이다. 한 편의 글은 한 가지의 주제로 유기적인 짜임을 이루고 있다. 따라서 단어와 단어, 문장과 문장의 관계에서 맥락을 좇아서 읽어야 의미를 쉽게 이해 할 수 있다. 또 다른 방법은 배경지식을 활용하는 방법이다. 텍스트를 이해하는 데 필요한 배경 지식을 동원하여 읽으면 쉽게 그 의미를 파악할 수 있다. 이때 배경지식이 부족하다면 관련 자료를 찾아가면서 읽기를 해야 한다.

따라서 적극적인 읽기는 하나하나의 단어를 살피기보다는 단어의 집합 덩어리인 어휘의 수준에서 읽어야 한다. 또 문장과 문장의 관계와 문단 간의 관계를 파악하면서 읽어야 한다. 이와 동시에 요약하기, 예측하기, 정교화 하기 등의 읽기 전략을 활용하여야 한다. 그러나 무엇보다 중요한 것은 스스로가 자발적으로 읽어야 한다는 의지와 읽는 시간의 확보인 것이다.

앞에서 설명했듯이 독서는 문자로 표시된 기호를 읽으면서 그 의미를 파악하는 것이다. 개별적인 지적 · 정서적 발달 정도가 독서에 미치는 영향은 매우 크다. 그래서 읽고 생각하는 교육이 체계적으로 이루어져야 한다. 그런데 입시중심의 읽기교육은 교사가 중심이 되어 텍스트를 분석하고, 지식을 주입하기에 급급했다. 이런 까닭으로 독자는 텍스트를 자세히 읽지 않고 주제와 내용을 암기하다시피 하였다. 주체적이고 능동적인 독서를 하지 않은 독자에게 의미구성 등을 요구하는 것은 무리일 수밖에 없다. 일부이기는 하지만 대학생이 된 지금도 텍스트 읽기를 꺼려하는 학생들이 있다.

독서는 일단 주체적으로 책을 읽어야 한다. '주체적 읽기'는 능동적으로 의미를 구성하는 사고행위까지 포함된 개념이다. 이때 텍스트의 의미 구성은 주관에만 몰입될 것이 아니라 사회문화적 상호관계성 속에서 이루어져야 한다. 이러한 방법이 구성주의 독서 방법이다. 먼저 개별적인 지식과 독서 경험의 누적으로 저장된 기억의 정도(schema)를 활용하기도 하는데, 이것은 독서과정에서 우리의 기억 속에 저장된 지식과 연결 시켜주는 표상(representation)과정이다. 즉 기호를 번역하여 의미를 만들어 내는 심리적 장치를 중시하는 독서이론이다. 다시 말해서 독자의 기억 속에 저장된 지식구조 또는 우리의 기억 속에 저장된 경험의 총체인 스키마를 중심으로 기호의 의미를 해석하는 독서방법이다.

또한 사회적 상호작용에 초점을 둔 비고츠키(Vygotsky)의 차원에서 텍스트를 읽는 것도 한 방법이 된다. 시대적 변화는 지식에 대한 인식을 달리하였다. 즉 지식은 마음의 산물인데, 이는 인식주체에 의해 결정된다는 것이다. 이것은 인간을 삶의 주체로 인식하면서 나타난 현상이다. 인식주체가 지각하고 구성하는 것에 따라서 의미가 창출된다. 따라서 개인의 주관적 경험이나 사회적 상호작용이 지식을 창출한다는 것이다. 그동안 지식의 객관적 가치가 중요시 되었다면, 이제는 이 지식을 활용하는 상황적 맥락을 중요하게 여긴다는 의미이다. 이것을 상대적 지식주의 혹은 구성주의라 부른다. 지식 객관주의와 달리 구성주의는 지식을 현실의 모사 혹은 재현으로 보는 것이 아니다. 지식은 사회적 주체로서의 인식 주체(독자)가 인지적 활동을 하면서 구성하는 나름의 현실 즉 지식을 구성하는 행위, 과정, 맥락 등을 중시한다. 따라서 진리(truth)보다는 적합한가(adquate), 유용한가(valuable), 잘 들어맞는가(fit) 등이 중시된다. 이는 1970년대 이후 맥락을 고려한 거시적인 관점과 학문간 통합, 인간 중심의 관점 등의 인식과 그 궤를 같이 한다. 따라서 읽기의 방법도 구성주의 독서이론을 수용하면서 발전하였다.

구성주의(constructivism)는 지식관의 문제로 이해된다. 과거 한때 진리는 절대적으로 존재하는 것으로 이해하였다. 그러나 최근의 지식관으로 볼 때 진리는 상대적이라는 것이다. 즉 객관주의적인 사고에서 지식은 고정불변의 것으로 생각하고, 그것을 수용하는데 급급하였다. 이것은 절대적인 진리를 인정하는 태도이다. 그러나 구성주의적 관점에서는 지식이 상대적이라는 입장을 취한다. 지식은 시대나 사회에 따라 달라 질 수 있다는 입장이다. 따라서 지식을 있는 그대로 수용하는 것이 아니라 자신의 입장이나 소속된 집단의 입장에 따라서 다양하게 구성될 수 있다는 관점이다.

이러한 방법은 어떤 지식을 얻기 위한 책읽기와 구분되며 사고력을 키울 수 있다.

〈객관주의와 구성주의 비교〉

	객관주의	구성주의
지식	인식주체와 독립적으로 외부에 존재	인식주체에 의해 결정되는 마음의 산물
의미	인식주체와 독립적	인식주체에 의해서 결정
최종 목표	보편 타당한 절대 진리(지식) 추구	맥락에 적합한 의미 구성
대표적 유형	행동주의, 인지주의	개인적 구성주의, 사회적 구성주의(Vygotsky)

이러한 지식관의 변화는 지식주입으로부터 벗어나게 하는 계기가 되었다. 단순히 암기하여 그것을 알고 있는 것에 그치는 것이 아니라 받아들인 지식을 활용하여 새롭게 구성하여야 한다. 즉 '지식의 발견–암기'에서 '지식발견–수용–창의적 적용'으로 그 태도가 바뀐 것이다. 이러한 변화는 '나–너–우리'의 관계에서 상호작용을 통한 협력과 합의를 도출하는 과정을 중요시한다.

이러한 구성주의의 방법에 따라서 독서를 정의하면 '의미를 재구성하는 과정'이 된다. 독서의 목적이 지식과 정보를 얻고, 인격을 함양하는 행위라는 종래의 것과는 상당한 차이를 보이는 태도이다. 이제 독서는 지식을 습득하는 행위를 넘어서 의미를 재구성하는데 까지 나가야 한다. 즉 과정중심으로 독서가 이루어져야 하는 것인데, 이때 독자는 스스로 이해하고 해석할 수 있는 능력을 가지고 있는 존재이다. 다시 말하면 구성주의 방식에 의한 독자는 독서 행위에서 상당한 부분의 책임을 지는 역량을 가지고 있어야 한다.

이렇게 되면 텍스트의 의미는 그 자체에 있는 것이 아니라 개인의 역량에 달려있게 된다. 즉 텍스트의 내용은 개인의 역량에 따라서 달라진다. 그렇다고 텍스트의 의미 수용에 있어서 사실 관계가 달라지는 것은 곤란하다. 상호소통의 자세로 다양한 해석을 하여야 한다.

수준 있는 독자의 읽기 전략

① **천천히 읽기(Slowing Reading)** : 자간 · 행간의 의미 파악하기
② **상상하며 읽기** : 글 속에 나오는 분위기나 장면을 상상하며 간접경험의 폭을 넓히고, 주인공의 마음이나 기분을 상상하며 공감 혹은 반감하며 읽기
③ **질문하며 읽기** : 호기심, 다양한 관점 이해하기
④ **구조화하며 읽기** : 인물의 관계와 갈등, 인물의 성격과 사건 전개의 상관관계, 특정 공간 및 소재의 상징적 의미 등을 파악하기
⑤ **분석 및 추측하며 읽기** : 작가의 가치관, 사회문화적 배경 등의 맥락에 따라서 텍스트를 이해하고, 텍스트를 읽는 지금의 사회적 분위기와 시대적 상황 속에서 어떤 의미로 이해할 것인지를 생각하면서 읽기

2) 사회적 주체로서의 감상

대개의 경우 문학작품(특히 소설)을 읽고 쓰는 경우가 많기 때문에 이것을 중심으로 구체적인 감상문쓰기를 알아보기로 한다. 먼저 글의 형식을 잡아야 쉽게 쓸 수 있다. 소설을 읽고 인물의 성격이나 관계 그리고 갈등을 하나하나 기억하면 쉽게 쓸 수 있다. 특히 갈등을 중심으로 이야기를 기억해 내면 작가의 의도를 금방 알

수 있다. 그리고 그 개인(등장인물)이 살고 있는 시공간적 배경과 사회문화적 분위기를 살펴보면 무엇을 말하려는지 쉽게 찾을 수 있다. 다시 말하면 감상문은 인물의 관계와 성격 파악, 주요 갈등 내용, 그 소설 속에 담겨 있는 세태를 중심으로 써야 한다. 다음에는 이 이야기가 주는 현재적 의미를 생각해 보아야 한다. 즉 오늘날의 사회문화와 관련지어 인물의 갈등과 그 극복을 생각하면 책의 내용을 내면화할 수 있다.

감상문 쓰기는 요약단계(사건, 인물의 관계, 갈등 중심)–감상단계(자기 경험 중심 이해, 등장인물의 비교)–비판단계(나와 세계와의 관계, 타당성 검토)로 나눌 수 있다. 요약단계는 텍스트중심의 읽기인데 여기서는 작가도 독자도 자기 흔적을 지움으로써 오직 텍스트의 내용만을 따라가는 단계이다. 이는 초보적인 독서의 단계이기도 하면서 사실(fact)을 정확하게(객관적으로) 파악하는 읽기이다. 그러나 독자의 사고가 배제된다는 점에서 문제가 된다. 다시 말하면 그 내용이 읽은 독자에게 어떤 의미가 있는가라는 물음에 답을 할 수 없다는 것이다.

〈감상문 쓰기 준비〉

독(讀)	서(書)	감(感)	상(想)	문(글)
㉠읽기	㉡글의 구조	㉢느낌	㉣생각	㉤글

㉠ 읽기 : 사실요약, 서평을 통한 개관

㉡ 글(문단)구조 이해해야

↳ 사건– 갈등(인물)–배경

a. 행동 · 말, 어조 등을 통해서

b. 주변 인물이나 환경과의 관계 속에서 인물 성격 드러남

c. 갈등이 해소되면서 주제가 드러남

㉢ 느낌 : 감각, 흥미, 소감 , 주제의 의미 이해, 상황에 적용.

㉣ 생각 : 의미, 비판, 소견(왜 그런지 따져보기)

이에 비해서 감상단계는 텍스트와 독자의 개인적인 정서 사이에서 의미를 만드는 읽기이다. 즉 독자가 자신이 읽은 텍스트를 개인적인 혹은 주관적인 차원에서 의미

를 창출하는 단계이다. 이 경우는 진솔하고 자율적인 독자의 반응을 얻을 수 있다. 그러나 자기의 경험과 배경지식에 의존하여 텍스트를 이해하기 때문에 전체를 읽지 못하고 자신의 경험과 사유에 의존하여 이해하는 한계가 있을 수 있다. 읽기를 통해서 성숙한 독자로 거듭날 수 있도록 하는 것이 우리가 추구하는 목표라면 이 두 방법의 읽기는 더 나은 읽기를 위한 과정 중에 있음을 알 수 있다.

읽기는 독자의 개인적인 인지능력에 의한 텍스트의 이해가 아니라 사회적 맥락에 의해 구성된 독자의 느낌이나 사유방식 등에 의해서 그 의미를 찾아야 한다. 이것을 비판적 단계에 해당한다. 여기서는 상호관계성에 의해서 텍스트를 읽기 때문에 유동적인 사회 맥락에 따라 의미를 재구성하게 된다. 단순 사실요약에 그치는 것도 아니고, 개인적인 경험을 중심으로 편협한 사고 혹은 독단적인 결정을 하는 것도 아니다. 텍스트와 독자, 독자와 독자의 상호관계성 속에서 새로운 의미를 창출하여야 한다. 이때 개인의 차원에서 벗어나 사회적 주체로 나아가는 성숙한 독자를 기대할 수 있다. 이로써 읽기는 정치적 · 사회적 환경 속에서 윤리적 실천행위로 인식될 수 있다.

이런 사실을 바탕으로 우리는 다음과 같은 다섯 단락의 감상문 형식을 생각할 수 있다.

독서감상문 개요

Ⅰ. 제목 쓰는 법 : 2행 제목
  1. 글(감상문)의 제목
  2. 읽은 책의 제목, 저자, 출판사항 등

Ⅱ. 본문 개요
  1. 작품에 대한 대강의 내용 소개 또는 작가의 작품세계를 간략하게 소개
  2. 인물 간의 관계 및 성격 요약
  3. 주인공의 갈등 요약
  4. 작품에 반영된 사회문화적 배경과 상황에 대응하는 인물의 태도에 대한 해설
  5. 이 작품의 의미 혹은 지금 우리들(나)의 모습을 사회문화적 맥락으로 읽기

문제는 앞의 형식에서 4번과 5번을 어떻게 생각하고 구성할 것인가이다. 1~3번은 요약 및 감상단계에 해당하는 것이므로 큰 문제가 되지 않지만, 4~5번은 비판적 단계의 읽기이므로 사회적 주체로서의 독자 입장에서 의미를 만들어내야 한다. 작가-텍스트-독자, 독자-독자의 관계 속에서 그 맥락을 찾아내야 한다.

텍스트 해석에 작용한 개인(독자)의 내면심리나 가치판단 등은 어떤 사회적 담론과 질서 속에서 교섭되고 형성된다. 서로 다른 담론에서는 무엇을 말할 수 있는 것과 없는 것이 구분되며 혹은 서로 대립적인 입장에 놓일 수 있다. 따라서 독자는 자기의 내면을 성찰적으로 살펴서 텍스트에 대한 반응을 구체적인 시간과 공간속에서 총체적인 시각으로 파악하어야 한다. 이로써 텍스트의 의미는 상호관계성 속에서 풍성하게 형성된다. 이러한 성찰적 태도는 다른 사람의 의견과 소통함으로써 의미를 재구성되기도 하고 때로는 내 관점을 해체하기도 한다. 이것이 상호주체적인 읽기이며, 이는 풍부하고 세련된 논리로 의미를 재구성할 수 있게 된다.

〈독서감상문의 예1: 칼럼형〉

교양 체험과 욕망의 교육

-박완서 「해산바가지」를 읽고

김종철

1. 작품에 대한 대강 소개

박완서 선생의 작품에 단편으로 「해산 바가지」라는 것이 있습니다. 어떤 이야기인가 하면 이 작품 첫머리에는 누군가 출산한 사람이 있어서 병원으로 축하 인사를 간 한 중년 부인의 눈에 비친, 오늘날 흔하게 보는 산부인과 입원실의 풍경이 묘사되고 있습니다. 거기에 젊은 사람들이 출산 축하를 하러 와서는 사람 생명에 관한 경박한 이야기들을 거침없이 주고받는 모양을 보면서 이 부인이 옛날 자기가 해산하던 시절을 회상하는데 이것이 작품의 알맹이를 이루고 있습니다.

2. 인물 간의 관계 및 성격 요약

그런데 지금 이 중년의 부인은 자식들은 출가시키고 남편과 시어머니와 함께 살고 있다고 합니다. 그 시어머니는 늙어서 단순히 노망한 것이 아니라 치매 환자입니다. 상황 설정 자체가 매우 고통스럽습니다. 시어머니는 거의 백치와 다름없는 행동을 하는데 가령 배설을 시간과 장소를 가리지 않고 합니다. 뿐만 아니라, 어린애처럼 보채기도 하고 아들 내외의 침실에 까지 들어와 벌거벗고 드러눕기도 하고, 이러니 도저히 견딜 수가 없는 형편입니다. 그래서 마침내 부부는 의논을 해서 어머니를 기도원에 맡기기로 결정을 봅니다. 그런 다음에 이 사람들이 근본적으로 착한 사람들이니까, 양심에 꺼림칙한 것을 조금 모면해 볼 요량이었던지 기도원이 과연 거처할 만한 곳인지 어떤지 한번 구경하려고 사전 방문을 시도했습니다. 기도원을 찾아가던 도중 어느 주막 앞에서 잠시 쉴 참이었는데, 그때 마침 가을철이었는지 시골 초가지붕 위에 박이 열려 있는 것을 보았습니다. 그것을 보는 순간 기도원 방문을 취소하고 되돌아와 버립니다. 초가지붕의 박이 옛날 일을 상기시켜 주었던 것입니다.

3. 주인공의 갈등 요약

시어머니가 지금은 병이 들어서 저렇게 되었지만 건강하던 젊은 시절에는 그렇지 않았다는 사실을 새삼스럽게 떠올렸던 것입니다. 무슨 얘기인가 하면, 자기가 예전에 아들이 귀한 이 집에 시집 와서 아기를 갖게 되었을 때 출산일을 앞두고 시어머니가 사람들을 시켜 시골에 가서 깨끗하고 모양 좋은 여러 개의 박을 구하게 하는 것이었습니다. 해산 시에 첫국을 끓일 때 쓰기 위한 것입니다. 이것이 어느 지방 풍습인지는 모르지만, 옛날에는 이와 비슷한 사람살이의 근본적인 법도랄까 하는 것이 살아 있었던 것이 분명합니다. 새로 태어나는 아기를 대하는 사람들의 마음씨가 여기에 나타나 있는 것이지요. 이것이 허구적인 소설이니까 그렇다고도 하겠지만, 하여튼 작품 속에서는 아들이 귀한 집안에 딸을 낳아서 민망해 죽겠는데 그런 며느리를 나무라면서도 새로 태어난 딸아이를 극진히 맞이하면서 깨끗한 샘물에서 물을 길어 그 바가지를 가지고 국을 끓이고 밥을 지어 산모한테 먹입니다.

4. 상황에 대한 인물의 대응 태도에 대한 공감(해석)

아기를 맞이할 때 좋은 박으로 만든 바가지에 정결한 물을 담아 준비를 한다는 것은 아마 전통 사회에 고유한 풍습이었을 겁니다. 그것은 작가가 단순히 지어 낸 이야기는 아니지요, 어떤 전통 사회에서도 그런 종류의 사람과 생명을 대하는 법은 있게 마련입니다. 여기에 비하면 아기의 어디가 어떻게 생겼느니 서구형이니 동양형이니 하는 식으로 지껄이는 요즘의 부박하기 짝이 없는 풍조는 그 자체 무교양의 극치를 이른다고 할 만합니다. 중요한 것은 박완서 선생의 소설에 등장하는 시어머니, 즉 이른바 정규의 학교 교육이란 전혀 받지도 않았고 글자로 모르는 무식한 사람이 생명을 어떤 식으로 대접해야 한다는 것을 본능적으로 알고 있다는 사실입니다. 물론 엄밀히 따지자면 본능적인 것은 아니지요. 그 시어머니가 오래 몸담고 살아 왔던 하나의 인간 공동체의 전체적인 생활 방식, 다시 말하면 그 시대의 문화가 자기 자신도 모르게 그것을 체득케 한 것이라고 보아야 할 것입니다. 정말 진정한 의미에서의 문화는 이런 것입니다. 그러한 생활 방식이 전체로서 하나의 문화이며 교양인 셈입니다. 이런 생활이 계속 유지되는 상황이라면 문화니 교양이니 하는 말을 굳이 쓸 필요는 없겠지요. 자본주의와 산업 사회의 체제가 깊어지고 확대됨에 따라 교양이란 말이 부쩍 많이 사용된 것은 간단히 말하여 위의 작품 속의 어머니가 보여 주었던 그런 삶의 태도가 전반적으로 와해되었기 때문입니다.

5. 작품에 반영된 현실, 현실 속에 있는 나(우리)의 모습

오늘날에 있어서 사람다운 가치가 구조적으로 억눌림을 당할 수밖에 없게 된 것은 우리가 다 아는 것과 같습니다. 이윤 동기에 의해서 인간 행동이 거의 전적으로 규정되고, 아주 내밀한 정신적 가치조차도 모든 것이 다 상품으로서만 대우를 받을 수밖에 없을뿐더러 인격적인 가치는 완전히 멸시 · 조롱당하며 오직 도구로서 물건으로서만 사람값이 시장에서 결정되는 이러한 세상에서 갓 태어난 아기를 정성을 다하여 맞이하는 정신적 기술이나 윤리가 존속한다는 것은 불가능한 일입니다. 지식인들이 일일이 의식해서 의도적인 발언을 한 것은 아니겠지만 이와 같은 방향으로의 사회의 발전을 목격하면서 전반적인 파괴의 현상에 직면하여 무엇인가 진정으로 인간적인 가치를 방어할 필요를 느꼈고, 그것을 교양이라는 새로운 개념 속에 담아 온 것이라고 해석되는 것입니다.

〈독서감상문의 예2 : 공론화형〉

읽은 책의내용을 바탕으로 현재 사회에 적용할 있는 중심 되는 하나의 주제를 제시한 후 문제적 상황을 공론화하여 느낌(感)과 생각(想) 쓰기

우리가 추구해야 하는 아름다움

–서양 전래동화 『백설공주』를 읽고

김종헌

서양 전래동화 『백설공주』에서 공주는 빼어난 외모 때문에 시련을 겪는다. 계모인 왕비는 자기보다 더 예쁜 사람이 존재하는 사실을 인정하지 않으려는 외모지상주의에 빠진

인물이다. 그녀는 자신의 아름다움을 유지하기 위해서 권력을 이용하여 살인까지 계획한다. 이런 사실을 왕비의 개인적인 성격으로 볼 수만은 없다. 남의 목숨까지 해칠 만큼 중요하게 생각하는 외모에 대한 아름다움은 어쩌면 인간의 본능이다. 그렇다고 왕비의 행동이 용서되지도 않는다. 동화에서도 왕비는 불에 달구어진 철판 위를 걷는 형벌을 받는다. 이것을 단순히 권선징악으로 볼 수도 없다. 왕비는 악을 저질렀으니 벌을 받을 수 있다고 치더라도, 공주는 선을 위한 어떤 행동도 하지 않았기 때문이다. 단지 착한 심성을 가진 환상적인 인물일 뿐이다. 따라서 이 동화는 아름다움에 대한 인간의 원초적인 생각을 살펴보고 우리의 자세를 성찰하는 기회가 되면 좋을 듯하다.

사전적 의미의 아름다움은 '보이는 대상이나 음향, 목소리 따위가 균형과 조화를 이루어 눈과 귀에 즐거움과 만족을 줄 만한 것'을 뜻한다. 결국 감각적인 것(음향, 목소리 따위)이 우리의 눈과 귀를 즐겁게 하는 모든 것들을 아름답다고 할 수 있다. 이때 즐겁다는 것은 주관적인 자기만족이다. 또한 어떤 대상을 보고 듣고 했다는 것은 그것의 외형을 보고 들었을 것이다. 그렇다면 우리는 어떤 대상의 외형을 보고 듣고 난 후 자기 만족을 느끼는 것을 아름답다고 할 수 있다. 이때 문제가 되는 것은 그 대상의 본질(내면)을 살피는 힘과 객관적으로 만족을 느끼는 것에 대해서 생각해 볼 필요가 있다. 그래서 외형의 아름다움이 정말 내면도 아름다운 것인가라는 질문을 던질 수 있다.

그래서 우리는 예술적 아름다움과 진리나 선과 관계된 아름다움을 생각해 볼 수 있다. 먼저 예술적 아름다움은 예술작품이 가지는 객관적 아름다움으로 그 내용(정신)과 형식 모두를 따져보아야 한다. 그리고 그것을 감상하는 사람과 잘 소통 될 때 아름답다고 할 수 있을 것이다. 다음으로 진리에 가까운 아름다움은 주관적인 만족이 아니라 다른 사람과의 관계에 의한 만족감이라고 할 수 있다. 마치 소나무가 혼자 있을 때 보다 몇몇의 소나무가 기암절벽에 서있을 때 우리는 더 아름답게 보인다. 이처럼 다름 사람과의 관계 속에서 나눔과 배려로 소통하는 만족을 아름다움이라 할 수 있다.

그러나 우리 사회는 외형적 아름다움만을 절대적으로 생각하는 경향이 있다. 동화『백설공주』에서도 왕비가 백설공주를 죽이려고 하는 것은 외형적 아름다움만을 추구하기 때문이다. 인간의 존엄이나 생명에 대한 경외감 등 본질적인 것은 무시하고 오직 겉모양만 중요시하는 왕비는 공주를 죽이려한다. 이처럼 어떤 대상의 내면(본질)이나 다른 사람과 관계는 생각하지 않고 자기만족만을 위하는 것은 진정한 아름다움이라 할 수 없다.

요즘 사람들은 점점 남의 시선을 신경 쓰게 되면서 더 예뻐지려고 하고 성형을 하게 된다. 그러나 외형만으로는 그 사람의 내면을 알지 못한다. 나는 아름다운 사람은 외면과 내면이 조화로운 사람을 뜻한다고 생각한다. 그래서 요즘 우리사회가 정신적인 미가 아닌 외형적인 미만을 추구하는 외모지상주의가 되어가는 것이 안타깝다.

아름다움은 '보이는 대상이나 음향, 목소리뿐만 아니라 그 내면(정신적인 것)과 조화를 이루어 여러 사람의 눈과 귀에 즐거움과 만족을 줄 만한 것'이어야 한다.

3) 감상문 쓰기의 실제

다음은 박범신 장편소설 『소금』을 읽고 학생이 쓴 글이다. 예시 글을 함께 읽고 첨삭을 통해서 감상문에 대한 이해를 더 깊이 하도록 해 보자.

이 시대 아버지들의 희생

–박범신 장편소설 『소금』을 읽고

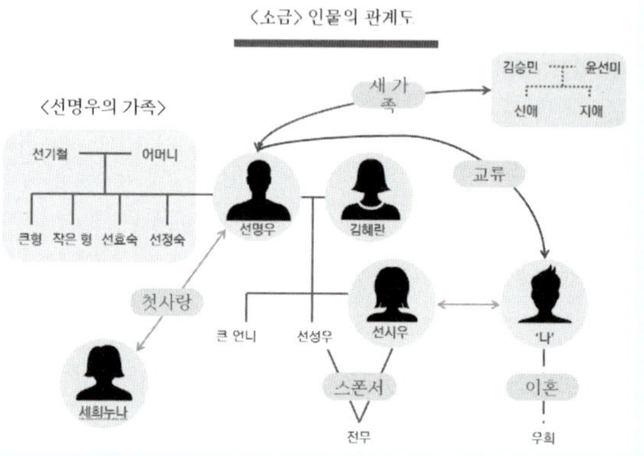

① 소설 소금의 작가 박범신은 충남 논산 출신인데, 이 소설 역시 충청도 논산을 중심으로 이어진다. 그는 이 소설을 흔한 가족의 이야기를 담은 책들과는 조금 다르다고 말한다. 『소금』은 가족소설의 흔한 얘기인 사랑과 화해가 아닌 가족을 버리고 끝내 돌아오지 않는 가출한 아버지의 이야기를 담고 있다. 이 속에서 작가는 가족의 근원적 화해를 막는 자본의 폭력적인 구조를 말하고 싶었다고 한다. 그는 현재의 자본주의를 '빨대'와 '깔때기'에 비유하여 서로 빨아먹는 사회로 규정하고, 그 속에서 외로이 늙어가는 우리 모두의 아버지에 대한 이야기를 그려냈다.

② 선명우는 사치스러운 생활을 즐기는 아내와 세 딸로 이뤄진 가정의 가장이었다. 그는 한발자국 뒤에서 묵묵히 그들의 분에 넘친 허영과 사치를 뒷받침해주며 그림자 같은 남편, 아버지 그리고 한 회사의 사원으로 살아왔다. 어느 겨울날 그는 트럭에 실린 소금을 보고 염부였던 그의 아버지와 자신의 과거를 떠올린다. 그 트럭의 주인인 '김승민'이 낭떠러지로 떨어지며 지르는 비명을 듣는 순간 그것은 자신만을 위해 뜨거운 햇빛아래 노동하던 아버지의 비명이라고 생각했다. 선명우는 그 날로 그는 집에 돌아가지 않고 김승민의 가정을 꾸려나간다.

한편 선명우의 가정은 순식간에 해체되어버렸다. 도도하고 당당했던 선명우의 아내는 그의 실종과 함께 약한 모습을 보이며 자살을 하고 만다. 고아가 된 딸들 역시 이전과 급격히 달라진 생활로 인해 뿔뿔이 흩어진다. 그런데 막내딸 시우는 자신의 10년 전 생일날 사라진 아버지를 찾아 논산으로 간다. 그리고 선명우가 다녔던 초등학교의 배롱나무 밑에서 시인인 '나'를 만난다. 시우와 사랑에 빠진 '나'는 시우의 아버지 선명우가 소금

장사꾼 '김승민'의 신분으로 살고 있음을 알게 되지만, 시우에게는 말하지 않는다. 또 시우는 자신의 아버지를 찾아냈지만 그냥 뒤돌아선다. 그녀는 '나'에게 식사를 하자고 말하며 소설은 끝이 난다.

③-1 소설의 배경인 논산 강경은 소금과 젓갈로 유명하다. 이 소설에서 '소금'은 인물들 간의 관계를 연결시키는 매개체가 된다. 시우의 아버지 선명우의 삶에서 소금은 큰 의미를 가진다. 그의 아버지 선기철은 아들을 공부시키기 위해 제대로 먹지도 쉬지도 못하며 일을 하다가 염전에서 염분부족으로 죽는다. 선명우는 가정을 뒷바라지 하기위해 바쁘게 살다보니 아버지의 희생을 잊고 지냈다. 그러던 어느 날 중년의 선명우는 김승민의 트럭에 담긴 소금을 보는 순간 아버지와 자신이 살아온 과거를 떠올렸던 것이다. 그리고 그는 아버지의 '미륵불'이 되지 못한 대신 김승민 가족의 '미륵불'이 되기로 결심하고 바쁘고 힘들게 살아온 자기의 자리를 떠난다. 그 후 그는 소금을 직접 채취하고 그것을 팔아 생활을 이어간다.

③-2 소설 『소금』은 이 시대의 아버지를 말하고 있다. 뜨거운 뙤약볕 아래에서 몸을 쬐이며 서서히 말라가는 희생적인 아버지들의 모습을 그리고 있다. 이 소설은 선명우, 그의 아버지 선기철, 김승민과 그의 아버지, 그리고 '나'의 아버지 등 여러 명의 아버지들이 그려진다. 이들은 모두 공통점이 있다. 자신의 인생을 포기하고 가정을 먹여 살리기 위해 살아왔다. 그들은 모두 자본주의라는 이 시대의 뜨거운 햇볕아래에서 희생되어 말라져갔다. 그러나 우리의 아버지들도 '가장'이기 전에 여러 면을 지닌 한 사람인 것이다. 그래서 자신의 아버지를 찾았지만, 시우는 말 한마디 못하고 돌아선다. 아마 그녀도 이 사실을 깨달았기 때문일 것이다. 가정을 위해 불평 없이 살아왔지만 정작 자신의 인생은 살지 못했던 아버지를 위해 그녀는 한발자국 물러난 것이었다.

④ 가난한 염부의 아들인 선명우는 자신의 아버지가 한 희생의 대가로 불우한 생활에서 겨우 탈출하였지만 결국은 다시 그 가난한 생활로 돌아가고 만다. 그래서 그는 처자식을 위해 자신의 인생관과 신념을 포기하고 살아가는 축 처진 어깨를 가진 가장에서 벗어나고자 했다. 한 사람으로써 자신의 인생을 살아가기로 선택한 선명우는 소금의 생산량을 높이는 것에만 매달리는 것이 아니라 남들보다 몇 배로 힘들더라도 좋은 소금을 얻기 위해 노동을 기꺼이 하겠다는 의지를 다진다. 생산성 위주의 사회를 치료하고 진정으로 사람에게 좋은 소금을 만들겠다는 그는 노동하는 자신을 바라보며 자기의 아버지를 만났고, 자신의 꿈꾸던 과거를 만났다.

⑤ 우리 아버지들도 하루에 몇 번씩이나 가정에서 벗어나 자신의 삶을 살아가고 싶어 할지도 모른다. 당장 옆에서 TV를 보고 계시는 나의 아빠도 마찬가지이고 미래의 우리들도 마찬가지이다. 돈과 명예가 최고인 이 사회에서 등이 굽어가는 우리 자신을 볼 수 있어야 한다. 우리의 아버지들도 꿈과 가능성으로 가득했던 청춘을 보냈던 한 사람이라는 것을 상기해 볼 필요가 있다.

(학생 글1, 문단 번호-인용자)

①에서 소설의 대강과 배경을 언급하면서 현재 자본주의 사회의 문제를 지적하고 있다. ②에서는 인물의 관계를 중심으로 사건을 요약 제시하고 있다. 이 단계까지는 별 무리가 없다. ①에서 자본주의의 '빨대구조'를 언급하였지만, 이는 책 소개를 통해서 쉽게 찾을 수 있기에 그다지 문제가 안 된다. ③-1에서는 '소금'의 의미를 해석해 내었고 ③-2에서는 '이 시대의 아버지'에 희생적인 모습을 이야기하고 있다. 얼핏 보면 사회문화적 맥락을 따라서 의미를 재구성한 것처럼 보인다. 그러나 그 의미를 지나치게 추상화시켜 요약적 제시를 하고 있는 것이 문제이다. 왜냐하면 '아버지-자본주의'의 맥락적 관계를 충분히 설명하지 못하고 있기 때문이다. 이 소설에서는 단순히 자신을 희생하는 아버지를 볼 것이 아니라 뜨거운 땡볕아래서 염전을 일구는 아버지를 찾아야 한다. 다시 말해 생산성을 높이기 위한 경쟁을 부추기는 오늘날의 자본주의 속에서 하루하루를 살아가는 아버지의 모습을 찾을 때 의미를 생성할 수 있다. 그런데 위의 예시 글은 많은 부분을 생략하면서 글쓴이의 정서를 정리하고 있다. 그러다 보니 ④~⑤에서 보는 것처럼 엉성한 마무리가 되고 말았다. 특히 이 단락에서는 작품에 반영된 사회문화적 배경을 충분히 해석하고, 그 상황에 대응하는 인물의 태도를 바탕으로 사고를 확대시켜야 한다. 그리고 이 작품을 통해서 지금 우리들(나)의 모습을 살펴봐야 한다.

그러자면 이 소설의 감상은 아버지(선명우)의 가출을 이해하는데서 출발하여야 한다. 한평생 일에만 시달린 가장의 모습은 단순한 한 개인의 희생적인 삶이 아니라 끊임없이 생산성을 강요당하며 일하는 구조적인 문제와 연결된다. 이렇게 읽을 때 비로소 아버지의 희생이 개인적인 차원이 아닌 구조적인 문제로 확대된다. 게다가 가족 구성원들의 과소비 또한 현대 사회의 한 축임을 환기시켜야 한다. 이것은 사치스러운 생활을 즐기는 선명우의 아내와 달리 합리적인 소비를 하는 김승민의 아내(윤선미)에 대한 인물묘사를 주목하며 읽을 때 드러난다. 이 두 축을 중심으로 텍스트를 살펴보면 선명우의 가출이 설명된다. 특히 선명우가 김승민의 사고를 수습한 후 그 가족들을 부양하면서 김승민으로 살아가는 대목은 경쟁적 생산과 과소비를 감당하기 힘든 현실로부터 벗어난 일탈이다. 이런 선명우의 일탈을 통해서 경쟁과 희생으로 점철된 사회의 문제를 지적하고, 아버지(혹은 사회구성원 개개인들)가 자유로워져야 하는 당위를 말해야 한다. 즉 생산을 위한 생산이 아닌 단맛, 신맛, 쓴맛, 짠맛 즉 인생의 모든 맛이 든 소금을 생산하려는 자유를 향한 삶을 말할 수 있어야 한다.

이렇게 한 편의 소설 읽기는 인물의 성격과 그를 둘러싼 사회적 배경과의 맥락 속에서 의미를 창출할 수 있어야 한다. 이렇게 읽을 때 허구적으로 창조한 한 개인의 삶을 다룬 소설이 비로소 가치를 가지게 된다. 이러한 읽기는 텍스트 중심에서 벗어나 개인의 경험과 정서를 바탕으로 자기의 의견을 생각하도록 해야 한다. 그리고는 독자와 독자(혹은 독자와 사회)의 상호관계 속에서 그 의미를 사회문화적으로 확대할 수 있어야 한다. 그런데 인용 글 ⑤는 그 형식은 시도는 되었지만, 구체적이지 못한 채 단순 적용에 불과하다. 피상적인 타자의 이해에 그쳤기에 지금 우리가 사는 세계에 대한 이해와 해석이 충분히 되지 못한 한계가 있다. 이런 점을 생각하면서 다음 글을 살펴보자.

> ① (전략) 명우가 원래의 가정으로 돌아가지 않은 것은 과연 잘못일까. 그가 돌아가지 않음으로 인해서 아내 혜란이 죽고 세 딸들은 서로가 싸우며 뿔뿔이 흩어져 가정이 붕괴되었다. 김승민의 사고를 처리하고서도 집에 돌아갈 수 있었지만 그런 그를 막은 것은 그 자신이었다. 그는 지독하게 희생당하기만 했던 지난날의 삶에 매우 지쳐 있었다. 자신이 벌어오는 돈은 아내와 딸들의 지나친 소비에 턱도 없이 모자라기만 했다. 그래서 그는 생전 처음으로 이기적으로 변했다. 이런 선명우를 나는 비난하고 싶지 않다. 그는 몇 십 년 간 가족을 위해 희생했으며 결국에는 췌장암 판정을 받고 말았다. 하지만 아무도 그의 건강에 대해서 알지 못했고 알려고 하지도 않았다.
>
> ② 그래서 길을 떠돌아다니면서 명우는 잉여생산물에 환멸을 가졌다. 먹고 살만큼이 아니라 그 이상의 생산물과 돈은 인간의 쓸데없는 소비와 욕구를 불러일으킨다고 생각하였다. 필요한 만큼 생산하고 소비하였으며 그는 더 이상 자본주의적인 삶을 원하지 않았다. 자유롭게 돌아다니고 원하는 대로 살면서 노래하고 또 노래했다. 그에게 있어서 노래를 짓고 부른다는 것은 속세에서 탈출하는 해방감과 자유를 맛보는 것이었다. 시우는 그런 아버지의 마음이 편안하고 풍족하다는 사실을 느끼고 있었다. 시우는 아버지가 살아있다는 것을 눈치를 챘으면서도 그가 부르는 노래를 들으면서 그의 삶을 존중하기로 한다. 이런 시우는 두 언니들과 엄마와는 다르게 자신의 내면을 가꾸려는 인물임을 알 수 있었다.
>
> 선명우가 원래의 가족들과 행복하게 잘 살고 있었다면 김승민의 사고를 처리하고 나선 집으로 돌아갔을 지도 모른다. 하지만 그가 그 순간에 느낀 것은 물질에서 벗어난 홀가분함이었다. 선명우의 가족은 생산과 경쟁, 과소비로 얼룩진 우리사회의 축소판이다. 선명우는 이러한 사회구조의 모순을 벗어나려 했던 것이다.
>
> (학생 글2, 밑줄-인용자)

위의 예시 글은 〈개요 1~3단락〉까지는 생략하였다. 줄거리 요약이 비슷한 것도 하나의 이유이지만, 이 부분을 쓰는데 있어서는 어려움이 거의 없기 때문이다. 문제는 〈개요 4~5단락〉이다. 인용한 글에서 ①은 〈개요 4단락〉에, ②는 〈개요 5단락〉에 해당한다. ①의 첫 부분에 개인적인 정서를 드러내고 있다. 선명우가 가정으로 돌아가지 않은 것을 비판할 수 없다는 단호한 입장을 밝히고 있다. 오히려 그의 삶을 '지독한 희생'이었다고 보고 돌아가지 않은 것을 옹호하고 있다. 상황에 대한 인물의 대응태도를 언급한 부분인데 글쓴이의 주장이 강하게 드러나 있다. 이러한 감상의 태도는 개인의 차원에서 사회적 주체로 나아가고 있다는 점에서 바람직하다. 자본주의의 구조적인 모순을 언급하면서 한 개인의 삶을 사회화 시켜놓았다. 만약에 위의 인용 글에서 선명우가 가정으로 돌아가지 않은 것을 ①에서만 그쳤다면 일리 있는 반응이기는 하지만 한계가 노출된다. 선명우의 일탈이 개인적인 욕망의 추구나 혹은 단순 일탈로 취급되어 문제아로 낙인찍히기 때문이다. 또 힘 든다고 해서 모든 사람들이 가정을 포기하고 자신의 욕망대로만 살수는 없기 때문이다. 이를 보완한 것이 ②의 단락이다. 개인의 주관적인 해석이 사회적인 문제로 확대되어 보편성을 얻고 있다. 즉 선명우의 삶에서 물질적인 것을 선호하며 지나친 소비와 잉여생산물을 강요하는 무차별적인 경쟁구도의 자본주의 생산방식을 읽어낸 것이 소통을 가능하게 하고 있다. 즉 시우가 아버지 선명우를 찾았지만 그냥 돌아서는 잠연이 이런 해석을 가능하게 한다. 〈학생 글1〉이 주관적인 개인적 주체에 머물렀다면 〈학생 글2〉는 사회적 주체로 나아간 감상이다. 이것은 〈개요 3단락〉에서 등장인물의 갈등을 〈개요 4단락〉에서 이어받아 인물의 대응태도를 구체적으로 진술함으로써 가능해진다. 이렇게 의미를 구성할 때 비로소 마지막 단락인 〈개요 5단락〉에서 현재적 의미를 찾을 수 있고 다른 사람들의 공감을 얻을 수 있게 된다.

이제 다음의 예시 글을 보면서 〈개요 4단락~5단락〉을 어떻게 구상해야 할지에 대해서 자세히 살펴보기로 하자.

(전략) 요즘 사회는 개인주의와 이기주의가 팽배하다. 가족끼리도 이익 손해를 따져가며 싸우고 고소하고 심지어 살인까지 저지르는 등의 범죄들을 뉴스나 인터넷 매체를 통하여 자주 접할 수 있다. 소설 속 프렌시네 가족은 항상 가정을 먼저 생각하고 보듬어주며 기꺼이 희생을 마다하지 않는 모습을 보이고 있다. 이 모습들을 보며 무엇이 이 시대를 이렇게 매정하게 바꾸어 놓은 것인가 생각하게 되었고 한편으로는 따뜻한 가족애를 느낄 수 있었다.

애틋한 가족애뿐 아니라 이와 프랜시의 정신적 성장에 가장 큰 영향을 준 것은 가난이라고 생각한다. 소설의 시작 부분을 보면 브루클린에는 하늘나무라고 불리는 나무가 있는데 어떠한 어려운 환경 속에서도 꿋꿋이 잘 자라는 모습이 묘사된다. 이 모습이 마치 가난이라는 주어진 힘든 환경에서도 가난을 탓하지 않고 그 역경조차 자신의 내면적인 성장의 기회로 여기는 프랜시의 모습 같았다. 즉 가난은 분명 시련 이였지만 그녀를 더욱 단단하게 만들었고 그 가난 속에서 꿈을 꾸며 자신을 성장시켰다. 현실의 벽에 부딪혀 좌절 할 때도 있으나 그것 또한 프랜시에게는 삶에 대한 의지가 되었다. 이 모습이 조그마한 역경에도 포기하고 좌절해버리는 현대 사회인들의 모습과 대조를 보이며 많은 교훈을 준다. 시련과 고통 속에서도 꿈을 잃지 않고 굳건히 성장해나가는 주인공의 삶에서 꿈의 소중함을 느낄 수 있다.

중 · 고등학교 때 꾸준히 봉사활동을 하며 알게 된 보육원의 한 학생이 생각나게 하는 책이다. 남과 다른 현실에서 자포자기의 마음을 가지고 있었지만 자신의 꿈을 찾으면서 그 꿈을 이루기 위한 노력을 시작했던 아이였다. 그 아이도 이 소설의 주인공 프랜시처럼 꼭 꿈을 이루고 지난 시간들을 추억하며 웃을 수 있길 기도해 본다.

(학생 글3, 밑줄 인용자)

소설『나를 있게 한 모든 것들』을 읽은 감상을 잘 드러나 있다. 그러나 텍스트의 의미를 재구성하지 못하고 있다. '개인주의와 이기주의' 그리고 '희생'을 이야기 하면서 텍스트의 의미를 확대시키려 하였지만, 그것은 프랜시의 삶 그 자체이다. 가난하지만 자상한 아버지, 프랜시에 대한 어머니의 사랑 등을 '가족애'로, 아버지가 돌아가신 후 진학을 포기하고 가족의 생계를 위해서 취직하는 것은 '희생'으로 읽었을 뿐이다. 따라서 인용한 감상문은 텍스트에 충실한 글이라 할 수 있다. 주인공인 프랜시는 성장기 꿈과 희망, 긍정적인 삶의 자세가 잘 어우러져 힘든 환경 속에서도 가난을 탓하지 않는다. 그렇다고 그로 인해 자기의 꿈을 포기하지도 않는다. 그가 역경을 이겨내는 데는 그의 교육에 대한 남다름 열정과 실천이 있었다. 그의 동생을 고등학교에 진학시킨 것도 이와 같은 교육에 대한 그의 가치관 때문이다. 이처럼 프랜시는 그가 처한 모든 환경을 내면적인 성장의 기회로 받아들였다. 이런 점을 고려하면 위 예시 글에서 오늘의 교육의 현실을 지적한 것은 총체적인 시각으로 읽지 못했다는 한계가 있다. 인용 글의 마지막에 밑줄 친 부분은 의미를 재구성했다기보다는 단순한 경험의 확대로 생각할 수 있다. '프랜시의 가난−극복'이라는 패턴으로 글쓴이가 경험 했던 지난날의 한 부분을 기억해 낸 것뿐이다. 흔히 이것을 감상(느낌)으로 생각하는 경우가 많은데 잘못된 생각이다.

사회문화적 상호관계성에서 생각해 볼 것은 프랜시가 빈민가를 떠나지 않고 있는 장면에서 지본주의 초기에 발생한 가난의 구조문제와 가진 자가 못가진자를 바라보는 시선에 대해서 의미를 구성할 필요가 있다. 이 소설은 1943년 발간되었지만, 소설 속의 배경은 그보다 훨씬 앞선 시기이다. 소설은 1900년대 초 뉴욕의 블루클린이라는 빈민가를 배경으로 하고 있다. 이 사실과 초기 자본주의, 교육과 지금의 신자유주의 체제 등의 관계를 살펴서 빈부의 격차나 교육의 한계 등의 의미를 구성할 필요가 있다. 이렇게 할 때 텍스트에만 얽매인 읽기가 아닌 구성주의 차원에서 의미를 새롭게 구성하는 적극적인 읽기가 된다는 점을 상기하면서 다음 예시를 읽어보자.

(전략) ① 가난한 환경 속에 처하게 된다면 가장 먼저 포기하는 것이 교육이겠지요. 이 소설에서도 그렇습니다. 어머니는 자신의 가난을 물려주지 않기 위해 교육에 대한 열정을 가지고 있으면서도 이렇게 현실에 부딪쳐 교육을 포기하는 모순적인 태도를 보입니다. 물론 동생의 교육을 포기하려는 어머니의 방식이 잘못되었다고 말하는 것은 아닙니다. 어찌할 수 없는 상황에 처했을 뿐입니다. 밥조차 해결 되지 않는 상황에서 돈 한 푼 더 벌 수 있는 그 소중한 시간을 공부에 투자하기가 쉽지는 않을 겁니다. 그럼에도 불구하고 교육에 대한 그의 가치관을 버리지 않은 프랜시가 대견할 뿐입니다.

② 하지만 요즘에는 교육의 중요성을 정말이지 느끼지 못하는 것 같아 보입니다. 흔하디흔한 것이 학교이며 대학교까지도 너무나 많습니다. 더구나 아이들은 맹목적으로 아무런 생각 없이 초등학교 다음 중학교를 가고, 중학교 다음 고등학교를 갑니다. 또 취직을 목적으로 학과를 지원하고, 성적을 중심으로 대학교를 결정하는 입시제도는 꿈과 희망적이지 않다는 데 문제가 있습니다. 취직과 성적을 염두에 둔 선택은 대학생활에 흥미를 느끼지 못해 방황하기도 하고 교육의 진정한 가치를 훼손하기까지 합니다. '출튀'(출석하

고 도망), '대출'(대신 출석)이라는 유행어가 떠도는 것은 수업에 관심이 없는 학생이 많다는 증거이기도 합니다.

소설 속의 빈민층들이 그렇게 간절히 원하던 교육이 오늘날 대부분의 사람에게는 너무나도 별게 아닌 것이 되어버렸습니다. 물론 모든 현대인들이 다 이렇다고 하는 것은 아니지만, 교육의 가치가 무엇인지 그 소중함을 한 번 쯤 생각해 보는 것이 필요한 때입니다.

(학생 글4, 문단 번호 - 인용자)

①은 텍스트 중심의 요약이고 ②는 텍스트를 바탕으로 지금의 사회적 현상과 관계 속에서 의미를 재구성한 부분이다. 즉 텍스트로부터 주관적인 정서를 드러내고 있다. 이것은 텍스트중심 읽기의 입장에서 보면 텍스트의 의도와 상당히 거리가 있는 반응이다. 즉 텍스트가 교육문제를 언급하는 것이 아니었음에도 불구하고 위의 인용 글은 텍스트에 나오는 '교육'이라는 열쇳말을 모티프로 하여 현실을 이해하고 있다. 교육을 통해서 사회의 변화(계층의 자유로운 이동)를 꿈꾸던 자본주의 초기와는 너무나 상이한 오늘 우리의 과열된 교육현실을 바라보고 있다. 이런 점에서 이 글은 텍스트에서 멀어져 있다기보다는 개인적인 정서와 경험, 사회문화적 맥락에 의해서 의미를 만들어냈다고 볼 수 있다.

능력 높이기 3

단편 소설 ________을 읽고 다음의 감상문 개요에 따라 한 편의 감상문을 써 보자.

Ⅰ. 제목 쓰는 법 : 2행 제목

1. 글(감상문)의 제목
2. 읽은 책의 제목, 저자, 출판사항 등

Ⅱ. 본문 개요

1. 작품에 대한 대강의 내용 소개 또는 작가의 작품세계를 간략하게 소개
2. 인물 간의 관계 및 성격 요약
3. 주인공의 갈등 요약
4. 작품에 반영된 사회문화적 배경과 상황에 대응하는 인물의 태도에 대한 해설
5. 이 작품의 의미 혹은 지금 우리들(나)의 모습을 사회문화적 맥락으로 해석

4. 행복한 자기 삶 쓰기와 SNS 활용

1) 인상적인 자기소개서

자기소개는 스팩(Specification)을 자랑하는 것도 아니고, 이력을 과시하려는 것도 아니다. '나 안의 나'를 드러내어 겉으로 보이지 않는 자기를 상대방에게 소개하는 것이다. '나 안의 나'는 다른 사람과 관계를 맺으면서 형성되어 간다. 혼자 있는 나는 늘 착하다. 그러나 인간관계 속에 놓인 나는 상대에 맞게 적절한 대응을 하게 마련이다. 이때의 나가 진정한 '나'이다. 그것을 드러내는 자기소개서라야 경쟁력을 가진다.

자기소개서는 '내 이야기'를 쓰는 것이다. 그래서 나의 일상과 체험을 구체적으로 기록하여 자신의 가치관이나 생활태도 등을 나타내야 한다. 이때 개인의 경험이라 함은 성장과정, 부모와 형제, 친구 등 외적인 환경과 취미나 특기, 독서의 영향, 성격 등 내적인 정서를 모두 포함하는 개념이다. 이렇게 경험을 기억해 내서 글로 표현하는 이유는 자기 삶의 태도와 가치관, 인간관계 및 사회성 등을 다른 사람에게 알려주고 그들과 원활하게 소통하기 위해서이다. 이렇듯 자기소개서는 기억으로 경험을 찾고 그 속에서 자아를 발견하는 글쓰기여야 한다.

자기소개 글은 나를 알리는 단순한 기록을 넘어서 자신의 정체성을 찾고 또 아픈 상처를 치유하여 공동체 구성원으로서의 자존감을 키우는 수단이어야 한다. 따라서 지나온 삶의 궤적에서 자기를 나타낼 수 있는 여러 가지를 기억하고 그것을 글로 옮겨야 한다. 그러나 자기의 이야기지만 막상 글로 쓰려고 하면 아득한 절벽 앞에 서 있는 느낌을 받게 된다. 그 이유는 글쓰기를 못해서가 아니라 그동안 자신에 대한 철저한 고민을 해 보지 않았기 때문이다. 취미와 특기도 생각하지 않았고, 성격의 장단점도 찾아보지 않았기 때문에 정작 나에 대해서 아는 바가 별로 없다. 그래서 자기소개서 쓰기가 난감한 것이다.

자기소개서는 '내 안의 또 다른 나'를 찾는 글쓰기이다. 이것은 자기를 찾는 행위이자 새롭게 만들어가는 방법이다. 그래서 두루뭉술한 삶의 태도를 나타내는 다음과 같은 단어들은 피하는 것이 좋다.

> 성실, 근면, 정직, 리더십, 친화력, 창의성, 도전정신…… 그리고 장점이 경우에 따라 단점이 된다는 애매한 처세 등

이 단어들은 추상적이며 진부하다. 이런 오류를 범하지 않기 위해서는 우선 자기의 내적 · 외적 특징을 찾아보는 것이다. 지금까지 우리는 자신을 너무 모르고 지내왔다. 무엇을 잘하는지, 어떤 생각을 하며 살고 있는지 등을 깊이 고민하지 않은 채 하루하루를 지냈다. 이런 사정이다 보니 자신에 대해서 소개할 내용이 막연한 것이 사실이다.

그래서 먼저 자신의 장점과 특성을 찾아야 한다. 이때 추상적인 것보다는 구체적이고 작은 것에서, 그리고 일상에서 사례를 중심으로 찾아보는 것이 좋다. 거창하지 않아도 된다. 가족이나 친구에게 들어오던 칭찬을 떠올려 볼 수도 있다. 그 행위를 일반화시키면 곧 장점이 된다. 단점의 경우도 마찬가지다. 자신의 어떤 행동으로 인해 타인으로부터 자주 듣는 핀잔이나 꾸중을 생각하면 된다. 예를 들면 '식사시간'이라는 단어로도 자기의 장단점을 찾을 수도 있다. 식구들과 함께 밥을 먹을 때 내가 한 행동을 생각해 보자. 멀리 있는 찌개를 다른 사람에게 권해보았는가, 소리를 내거나 빨리 먹는다고 핀잔을 듣지는 않았는지 등을 생각해 보면 이 사소한 일상에서도 자기를 발견할 수 있다. 즉 식사시간에 한 나의 행동이 이기적인지 이타적인 성격인지를 알 수 있게 한다. 다음 예시는 어느 초등학생의 일기이다.

> 오늘 날씨는 참 기분이 나쁘다. 비가 와서이다. 아침에 학교 갈 때는 안 왔는데 오후에 학원을 갈려고 하니 비가 왔다. 우산을 써도 비를 맞을 때가 많다. 그리고 길에 구덩이 같은 파인 곳에 물이 고여 있어 모르고 밟으면 튀겨 옷을 버린다. 싫다. 그리고 친구들이 우산을 막 돌리면 우산에 묻어 있는 빗물이 튀겨 옷을 버리게 해서 싫다. 나는 비가 정말 싫다.
>
> (김O태/ 초등 2학년)

이 글에 나타난 어린이는 비를 싫어한다. 그런데 그것보다도 우리는 이 어린이가 장난을 싫어하고 깔끔한 성격의 아이라는 것을 짐작할 수 있다. 이렇게 자기 일상에

서 구체적인 행동을 찾아서 메모해 나가면 성격이 드러나게 된다. 물론 자기소개서에 이렇게 자세한 사례를 다 쓸 수는 없다. 그러나 이 예시 글에서 보듯이 우리는 구체적인 자기의 행동을 생각하면 그로부터 자기성격이나 가치관을 찾을 수 있다.

다음은 인간관계에서 구체적인 사례를 찾아보아야 한다. 자기소개는 나 주변에 있는 다른 사람과 만남을 소개해야 한다. 그들로 인해서 내가 어떻게 변하게 되었는지, 혹은 어떤 생삭과 모습을 가지게 되었는지를 설득력 있게 표현하여야 한다. 가장 가까이에서 만나는 부모님과 선생님, 그리고 이웃과 친구들과의 관계에서 나는 무엇을 생각했고, 어떻게 대응했는지가 중요하다. 즉 나와 다른 사람과의 관련성에 주목하여 그들부터 얻은 그 무엇을 찾아야 한다. 이렇게 나를 찾은 이후에는 그 영역을 좀 더 넓혀야 한다. 즉 사회를 바라봐야 한다. 내가 발 딛고 있는 세계가 어떤 곳인지를 알고 어떻게 그것에 대응할 것인지, 혹은 대응하였는지를 보여주어야 한다. 학창시절 입시경쟁과 대학시절 학비와 기숙사 방값, 최저임금을 받은 아르바이트생의 삶 등을 직 · 간접적으로 경험하면서 어떻게 생각했는지, 무엇을 하고자 했는지 등을 밝혀 적어야 한다.

나를 둘러싼 주변 인물들(부모, 친척, 친구 등)에게 받은 영향이나 그들과 함께 한 활동 등을 살펴보면 자신의 장점이나 단점이 드러날 수 있다. 예를 들면 '아버지는 신문을 읽을 때 거실에서 소리 내어 읽는다.'는 사실에서 아버지의 태도를 볼 것이 아니라 그러한 아버지의 모습이 내게 어떤 영향을 미쳤는지를 생각해 보아야 한다. 내가 시사적인 문제에 관심을 가지게 되었는지, 아니면 매일 무언가를 조금씩이라도 읽는 습관을 들이게 되었는지, 이도저도 아니라면 아버지의 그런 태도가 싫어서 나는 밖으로 나가서 활동적인 인간이 되었는지 등 여러 가지로 자기에게 미친 영향을 따져 보아야 한다. 이런 구체성을 바탕으로 한 자기 성격의 일반화는 '성실한 생활태도를 가지고 있다.'는 식의 진술보다 훨씬 구체적이며 독자(면접관)의 이목을 끌 수 있다. 왜냐하면 아버지의 삶이 내게 미친 영향 관계가 구체적으로 드러나기 때문이다.

이처럼 자기소개서에 나오는 단어 하나하나는 모두 자신의 생활이나 성격에 어떤 형태로든 영향관계에 놓여 있어야 한다. 자기소개서의 어느 항목에서나 마찬가지이겠지만 단순한 소개는 독자(면접관)에게 감동을 줄 수 없다. 또한 너무 뻔한 사실을 그대로 기술하는 것도 역시 좋지 않다.

〈자기소개서에 쓸 내용〉

① 진정한 자기 찾아내기

앞서 살펴보았듯이 자기소개는 나 주변에 있는 다른 사람과의 관계를 통해서 형성된 자신의 내면을 드러내는 것이다. 그들로 인해서 내가 어떻게 변하게 되었는지, 혹은 어떤 생각과 모습을 가지게 되었는지를 설득력 있게 표현하여야 한다. 가장 가까이에서 만나는 부모님과 선생님, 그리고 이웃과 친구들과의 관계에서 나는 무엇을 생각했고, 어떻게 대응했는지가 중요하다. 즉 나와 다른 사람과의 관련성에 주목하여 그들부터 얻은 그 무엇을 찾아야 한다.

내 주변에서 나를 찾은 이후에는 그 영역을 좀 더 넓혀야 한다. 즉 사회를 바라봐야 한다. 내가 발 딛고 있는 세계가 어떤 곳인지를 알고 어떻게 그것에 대응할 것인지, 혹은 대응하였는지를 보여주어야 한다. 학창시절 입시경쟁과 대학시절 학비와 기숙사 방값, 최저임금을 받은 아르바이트생의 삶 등을 직·간접적으로 경험하면서 어떻게 생각했는지, 무엇을 하고자 했는지 등을 밝혀 적어야 한다.

② 관심분야의 트렌드trend 읽어내기

자기소개는 앞으로의 자기 비전을 비중 있게 드러내야 한다. 회사는 현재가치만을 보고 사람을 뽑지 않는다. 그 사람의 미래가치를 판단하여 회사와 함께 갈 수 있는 인물인가를 파악하려한다. 그래서 자기소개에는 다가올 세계를 내다보고 어떤 길을 갈 것인지를 계획해 두어야 한다. 자기 앞에 주어진 일을 쳐내는 것이 아니라 다가올 일을 예측하면서 다스려 나가는 혜안을 보여주어야 한다. 주어진 일을 쳐내는 것은 누구나 할 수 있다.

어떤 길로 가면 무엇이 있을지를 알고 그 길을 찾는 적극성을 보여야 한다. 요즘은 주어지지 않은 일을 찾아서하는 것도 중요하다. 이러한 의지가 구체적으로 드러나도록 해야 한다. 그것은 변화하는 사회에 대한 적응능력이기도 하다.

③ 효과적으로 표현하기

자기소개서도 하나의 글쓰기인 만큼 이런저런 나의 내면을 효과적으로 전달할 수 있는 방법을 찾아야 한다. 글을 읽는 사람의 편에서 쉽게 읽히고 얼른 알아들을 수 있도록 하여야 한다. 간결한 문장으로 써야 하며, 핵심어의 연결이 논리적이어야 한다. 군더더기 없이 깔끔한 글쓰기는 주어와 서술어의 호응이 잘 이루어져야 한다. 그리고 하나의 핵심어에서 파생되는 어휘가 연관성을 지니고 있어 말하고자 하는 바가 눈에 띄어야 한다.

도식적인 글쓰기의 방법에 따를 것이 아니라 '나'를 드러내는 적절한 표현방법을 찾아야 한다. 필요에 따라서는 시간적 순서대로 전개할 것이 아니라 플롯을 설정하여 의미를 부각시켜야 한다.

〈자기소개 글쓰기 예시 1〉

내가 걸어온 길과 걸어갈 길

① 출생과 성장과정의 기억들

저는 어릴 적에 맞벌이를 하시는 부모님과 떨어져 할머니 댁에서 생활하게 되었는데, 할머니가 살고 계시는 마을은 주민 대다수가 농사일을 하는 노인 분들이셨습니다. 그렇다고 마을 어른들 모두가 농사를 짓는 것은 아니었지만 노인 분들은 함께 모여서 일을 하곤 했습니다. 또한 일을 하다가 서로 음식을 나누어 먹는 등 인정 있게 지냈습니다. 농한기에는 서로 마을 회관에 모여 윷놀이를 하며 친목을 도모하는 모습도 자주 보았습니다. 이런 경험이 저의 공동체 의식을 발달시키는데 많은 도움을 주었습니다. 어려서 배운 공동체 생활의 미덕은 제가 원만한 대인관계를 형성하는데 큰 도움이 되었다고 생각하며, 제가 앞으로 살아가는 데 꼭 필요할 것이라고 생각합니다. 그러나 조그만 읍 지역에서 생활을 하다 보니 세상을 보는 안목이 부족했었고, 다양한 사람들을 만날 기회가 적어 아쉬운 점이 있었습니다.

② 취미와 특기 소개 : 자기의 성격형성과 삶의 태도에 미친 영향

어린 시절부터 다양한 악기를 연주를 했습니다. 여러 가지 악기를 배웠지만 그중에서 기억에 남는 악기를 하나 꼽으라고 한다면 당연 드럼이라고 말할 것입니다. 드럼은 중학교 2학년 때 교회에서 배울 수 있었습니다. 다른 악기와 달리 드럼은 칠 때만큼은 자유롭고 신이 나서 스트레스나 답답한 마음들을 풀 수 있었습니다. 하지만 어릴 적부터 피아노나 바이올린과 같은 클래식악기를 해 온 저로써는 드럼과 같은 밴드악기는 조금 낯설기도 했습니다. 드럼은 다른 악기들과 맞추고 함께하는 리듬악기여서 연주하는 동안 다른 악기들의 소리를 들으며 같이 맞추어야 하기 때문입니다. 처음에는 조금 힘들었지만, 그것을 통해서 화합을 배울 수 있었습니다. 제 인생에 있어서 드럼은 단순한 악기를 넘어 성격을 밝게 해주고 힘든 마음을 덜어주고 잊게 해 준 특별한 친구라고 생각합니다.

③ 자아탐색 : 꿈과 대학생활의 설계 및 내가 원하는 삶

교사가 되어 이 사회에 크게 이바지 할 수 있는 사람이 되고 싶습니다. 먼저 초등교사로서의 인성을 갖추기 위하여 봉사활동을 할 생각입니다. 요즘 저소득층, 소년소녀가장, 다문화 가정 등 경제적, 일상적으로 어려움을 겪고 있는 학생들이 많습니다. 그래서 지식을 전달하기 보다는 이런 학생들도 안정된 가운데 공부를 할 수 있도록 도와주는 교사가 될 생각입니다. 그래서 대학에 다니는 동안에도 중, 고등학교 때 한 것처럼 보육원이나 청소년 지원센터 등을 찾아가 그들과 함께 많은 이야기를 나누며 꿈을 잃지 않도록 할 계획입니다. 또 방학 때를 이용해서 대학생 멘토링을 신청하여 농촌에 교육 봉사활동도 할 계획입니다. 그리하여 초중학생들과 호흡을 같이 하며 학생들을 이해하는 시간을 가질 것이며 기초 학습 지도, 학생들의 학교생활 상담 등을 통해 자존감을 높일 수 있는 기회를 주고 싶습니다.

이런 활동을 잘 하기 위해서 심리공부에도 관심을 가지고 있습니다. 이번 학기에 학교폭력의 예방과 대책 수업을 들으며, 현장에 발생하는 많은 학교 폭력의 실례들을 들었고, 무엇보다 선생님의 역할이 가장 중요하다는 것을 깨달았습니다. 이러한 상황에 대한 준비없이 현장에 처음 나가 맞닥뜨리게 된다면 굉장히 당황하고 제대로 된 대처를 하지 못할 것입니다. 그래서 아동심리나 상담심리학 책 등을 많이 읽어 학생들의 심리를 잘 파악하고 상황에 맞게 능숙하게 해결할 수 있는 그런 교사가 되고 싶습니다.

초등교사 임용 후에는 무엇보다 수업에 관심을 갖고 연구해야겠다는 생각이 들었습니다. 시, 군 단위 교사들과 수업연구동아리를 만들어 수업의 질 향상을 위한 워크숍, 발표회 등을 통하여 전문성 신장에 노력하는 것이 중요하다고 생각합니다. 이러한 활동들이야말로 글로벌 사회를 이끌어갈 미래 인재들을 육성하는 지름길이라고 생각합니다.

(학생글, 대학교 1학년)

2) 취업용 자기소개서

대개의 경우 기업은 취업용 기본 서류로 성적증명서와 졸업증명서 그리고 각종 자격증명서를 포함하여 그 회사 고유의 입사 지원서(이력서)를 요구한다. 이처럼 기업은 이력서를 요구하면서도 자기소개서를 별도로 요구한다. 여기서 우리는 원서에 지원자의 이력을 소상히 써 놓는데도 불구하고 자기소개서를 요구하는 이유를 생각해 보아야 한다. 이는 스팩 중심의 평가보다는 인간중심의 평가를 하겠다는 의도이다. 즉 출신학교와 자격증 보다는 인간성과 리더십 혹은 파트너십을 통해서 업무에 적합한, 그리고 유능한 인재를 뽑겠다는 것이다. 따라서 자기소개서는 입사원서에 쓴 기본 스펙보다는 자기의 가치관과 정체성이 드러나고 나눔과 배려 그리고 타자 이해 등의 인간성이 나타나야 한다. 이것을 취미와 특기, 그리고 과거의 구체적인 경험을 통해서 증명해야 한다.

취업용 자기소개서에서 요구하는 항목은 개인의 가정환경과 성장과정, 입사 동기와 근무 자세 등이다. 환경은 인간의 성격 형성에 중요한 영향을 미친다. 그래서 기업은 지원자의 가정환경과 성장과정을 통해서 그 사람의 인격과 성격을 파악하려 한다. 다음으로 취업 동기는 무작정 취업이 목적인 사람보다는 회사의 경영방침이나 업무의 성격 등을 잘 알고 자기 적성과 자기계발의 기회로 활용할 자세가 되어 있는지 살펴보기 위함이다. 개인의 업무에 대한 의욕과 회사에 대한 긍지, 그리고 근무태도, 다른 동료들과의 화합의 정도는 생산성과 직결되므로 매우 중요한 평가의 요소가 된다. 한편 기업은 자기소개서를 통해 지원자의 글쓰기 능력(의사전달과 표현능력)을 판단하기도 한다. '글은 곧 사람'이라는 말이 있는데, 자기소개서도 한 편의 글이기 때문에 지원자의 인격과 교양이 나타나게 마련이다. 이런 이유 때문에 기업은 이력서 이외에 자기소개서를 요구하는 것이다.

(1) 입사 동기

모든 글은 쓰는 목적이 있다. 즉 문제제기와 주제 등이 그것이다. 따라서 자기소개서도 주제가 분명하게 드러나야 한다. 가정환경과 성장과정에서 형성된 자기의 성격을 인과관계에 맞게 써야 한다. 특히 여기서 중요한 것은 환경에 의해 저절로 형성된 성격보다는 환경 때문에 본인이 노력하여 새롭게 얻은 성격을 밝혀주는 것이 중요하다. 즉 어떠한 환경에서 태어나 이러한 성격이 길러졌고, 또 이것이 어떻게 발전되었는가를 써야 한다. 이때 구체적인 경험을 첨부하여 사실성을 높이면 더 좋다. 개인의 성격은 입사 이후 업무 수행 과정에 영향을 미치기 때문에 면접관들이 눈여겨보는 항목이다. 인내와 화합, 리더십과 파트너십, 그리고 창의성과 비판적 합리성 등을 중심 주제로 설정하면 좋다.

아무래도 자기소개서에서 가장 신경이 쓰이는 부분은 입사동기이다. 물론 취업 그 자체가 동기이지만, 기업은 일 할 사람을 뽑는 것이기 때문에 회사의 특성과 업무의 성격에 잘 맞는 인재를 가려 뽑으려 한다. 따라서 막연한 동기보다는 해당 기업, 혹은 지원 분야의 업무와 연관시켜서 지원 지원동기를 작성하면 좋다. 이를 위해서는 지원한 기업에 대한 철저한 사전조사가 필요하다. 경영방침은 물론이고 현재 그 기업이 어떤 분야를 주력 사업으로 하고 있는지 그리고 올해의 성장정도와 미래의 비전 등을 꼼꼼히 챙겨서 활용하면 좋다.

'열심히 일해 회사의 발전에 도움이 되도록 하겠다.', '성심을 다해 회사 발전에 이바지 하겠다.', '시켜 주면 무엇이든 열심히 하겠다.' 등의 표현은 동기가 불분명한 소극적인 자세를 드러내는 것이기에 사용하지 않는 것이 좋다.

(2) 자기 성격의 장점과 단점

자기성격의 장단점은 설명형으로 직접 진술하기 보다는 취미와 특기를 통해서 논증하는 것이 좋다. 주로 취미나 특기를 단순하게 소개하는 경우가 많은데 이는 별 의미가 없다. 기업은 여러분의 취미특기를 궁금해 하지 않는다. 그럼에도 불구하고 취미와 특기는 필수항목으로 들어간다. 왜냐하면 한 개인의 취미나 특기는 그 사람의 인성형성에 많은 영향을 끼치기 때문이다. 따라서 취미를 가지게 된 배경이나 그 과정에서 내가 얻은 것이 무엇이며, 바뀐 성격이나 생활 태도가 있다면 그러한 것을 구체적으로 적어야 한다. 특히 개인의 성격과 업무와의 연관성이나 동료들과의 관계(인간관계)에 미칠 영향 등을 적는다면 좋은 반응을 얻을 수 있다. 이때 주의할 것은 반드시 체험과 함께 상세히 기술해야 한다는 것이다. 또 장점만을 나열하기보다는 단점을 언급하면서 이것을 어떻게 이겨냈는지, 혹은 어떻게 이겨 나갈 것인지를 설명하는 것이 바람직하다. 이때 막연한 계획이나 다짐보다는 취미나 특기를 활용하여 그 극복방법을 제시한다면 금상첨화가 될 것이다. 이로써 긍정적이고 적극적인 성격의 소유자임을 밝히면 신뢰감을 얻을 수 있다.

(3) 효과적으로 표현하기

자기소개서도 하나의 글쓰기인 만큼 이런저런 나의 내면을 효과적으로 전달할 수 있는 방법을 찾아야 한다. 글을 읽는 사람의 편에서 쉽게 읽히고 얼른 알아들을 수 있어야 한다. 간결한 문장으로 써야 하며, 핵심어의 연결이 논리적이어야 한다. 군더더기 없이 깔끔한 글쓰기는 주어와 서술어의 호응이 잘 이루어져야 한다. 그리고 하나의 핵심어에서 파생되는 어휘가 연관성을 지니고 있어 말하고자 하는 바가 눈에 띄어야 한다.

도식적인 글쓰기의 방법에 따를 것이 아니라 '나'를 드러내는 적절한 표현방법을 찾아야 한다. 즉 과정을 스토리텔링화 하여 상대방의 관심과 흥미를 유발시켜야 한다. 필요에 따라서는 스토리 전개방식이 아닌 플롯을 설정하여 새롭게 의미 창출을 하여야 한다.

① tip

간결한 문장으로 주어와 서술어의 관계를 분명하게 한다. 말하고자 하는 핵심부터 언급하고 부연설명을 이어가는 방식의 글쓰기를 한다. 필요하다면 도식화하거나 사진, 그림 등을 첨부할 수도 있다.

② **주의사항**

첫째, 성의 없이 허겁지겁 쓰지 마라. 사전 조사한 내용을 바탕으로 충분한 시간을 가지고 써야 한다. 고민한 만큼 좋은 입사동기를 생각해 낼 수 있고, 자기의 정체성을 찾을 수 있다. 또한 비문이나 부적절한 어휘 등이 없도록 하여야 한다. 자기소개서를 통해 문장력이나 표현 능력, 논리적 진술, 창의적 사고 등 여러 가지를 판단할 수 있다.

둘째, 문장은 간결하게 써야 한다. 문장이 길어지면 논리가 흐트러지기도 하고 비문이 나타나기도 한다. 또한 불필요한 얘기가 나와서 글의 일관성을 해치기도 한다. 특히 정해진 양식과 분량이 있을 경우에는 그것을 반드시 지켜야 한다. '그리고', '그러므로', '그런데' 등의 불필요한 접속사나 쉼표 등은 가급적이면 사용하지 않는 것이 좋다.

셋째, 자기 소개서도 한편의 글이므로 문단의 통일성이 있어야 하며 문단과 문단 간의 유기적 연결이 되어야 한다. 여러 가지 내용을 써야 한다는 의욕이 앞서면 글이 산만해진다.

넷째, 자기소개서도 일종의 공식적인 글이므로 지나친 존칭은 생략해야 한다. '~님' 등의 존칭은 거부감을 준다는 것을 알아야 한다. 또한 글에 '나는'이나 '저는' 등도 가능한 쓰지 않는 것이 좋다.

3) 행복한 삶 쓰기와 SNS 활용

(1) 치유적 글쓰기

글을 쓰는 것은 분명히 스트레스를 받는 행위이다. 그럼에도 불구하고 치유(healing)를 이야기 할 수 있는 것은 무엇인가. 첫째 우리는 무언가를 표현하는 것만으로도 상처받았거나 삶의 고통을 해소할 수 있다. 경우에 따라서는 새로운 힘을 얻기도 한다. 한편 정신적인 외상(trauma)은 충격적인 고통의 기억이 무의식에 잠재되어 있다가 정신적인 어떤 요인에 의해서 겉으로 드러나는 병적인 현상이다. 그래서 그 기억을 떠올리는 자체가 고통이다. 그러나 이 트라우마의 치유방법은 역설적으로 아픈 기억을 떠올리게 하는 것이다. 이런 점에서 치유하는 글쓰기는 개인의 아픔을 글로 표현하게 함으로써 해소시키는 방법이다. 그래서 글쓰기를 하면서 자신을 들여다보고, 자신이 처한 공동체의 상황과 그 속에서 겪은 충격적인 경험을 올바르게 성찰하는 계기를 가질 수 있다.

더러는 지난 삶에서 큰 상처를 받지 않은 사람도 있을 것이다. 이런 사람들은 일상에서 겪은 사소한 일들을 생각해 보라. 이 과정에서 작은 고마움이라도 준 사람이 있다면 그에게 보내는 감사의 메시지를 쓰면 된다. 이런 식의 글쓰기는 자신의 마음을 더 풍요롭게 하며 여유를 가지게 한다. 이것은 절망적인 상황에 처했을 때보다 만족감과 힐링의 효과가 더 클 수 있다. 따라서 치유하는 글쓰기는 과거의 아픈 경험을 치유하기도 하고, 다른 사람을 이해하며 감사의 마음을 갖게도 한다. 이 모든 것이 글로써 할 수 있는 치유이다.

다음은 연예기사 중의 하나이다. 배우 김하늘이 한 방송 프로그램(2012년 SBS '힐링캠프, 기쁘지 아니한가')에 게스트로 출연해서 학창시절의 왕따 경험담을 솔직하게 털어놓았다는 기사문이다. 출연자가 방송 중에 한 이야기의 대강을 요약 제시하고 있는데, 그 내용이 힐링 글쓰기의 한 예로 삼을 만하다.

'힐링' 김하늘, 솔직한 마음이 더 예뻤다

배우 김하늘의 솔직하고 인간적인 매력이 제대로 통했다. 지난 17일(2012. 9. 17) 방송된 SBS '힐링캠프, 기쁘지 아니한가'에는 배우 김하늘의 두 번 째 이야기가 전파를 탔다. 김하늘은 방송 내내 특유의 발랄함과 솔직한 모습들 시청자들에게 즐거움을 선사함과 동시에 그 동안 꺼내지 못했던 진솔한 속 이야기를 털어놓으며 인간적인 매력을 보여줬다.

㉠학창시절 겪었던 따돌림을 극복하던 지난 이야기와 전학을 가서 만나게 된 인생 최고의 친구 이야기는 시청자들의 가슴을 울렸다. ㉠스물아홉에 겪었던 소속사와의 이별과 실연의 아픔 그리고 그것을 극복하기 위해 ㉡혼자 운동으로 슬픔을 이겨냈던 이야기, 영화 촬영 중에 생긴 ㉠공황장애를 버텨내며 ㉡스스로 이겨내려는 노력 등 털어놓기 힘든 개인사를 솔직하고 담백하게 꺼내 놨다. 그리고 ㉢힘든 가운데 버텨낼 수 있었던 힘인 가족과 친구들의 소중함에 대해서도 공개했다.

방송에서 "절대 울지 않을 것이다"라고 얘기했던 김하늘은 20년 지기 중학교 친구의 영상편지가 나오자마자 눈물을 흘렸고 자신과는 다른 평범한 삶을 사는 친구들에게 "아줌마로, 엄마로 살림에 보태 쓰지 말고 너희 자신을 위해 써라"라고 하며 용돈을 선물로 준 일화가 공개되며 김하늘의 섬세함과 따뜻함이 여성 시청자들의 공감대를 형성하기도 했다.

이어 김하늘의 어머니의 친필편지가 공개됐고 MC한혜진이 편지를 읽어주자 김하늘은 벅차오르는 눈물을 흘렸다.

특히 "어머니께 처음 받아보는 편지이다", "어머니 앞에서는 잘 울지 않는다" 라고 밝혀 시청자들의 가슴을 뭉클하게 만들었다.

대중들이 생각하는 여배우 김하늘이란 항상 화려하고 거리감이 많이 느껴지는 존재였을 것이다. 하지만 이날 ㉣김하늘은 배우이기 전에 한 사람의 여자로서, 한 가정의 장녀로서 외롭기도, 힘들기도 했던 이야기들을 솔직하게 털어놓으며 시청자들에게 한발자국 더 가까이 다가왔다.

—(OSEN, 윤가이 기자)

우선 기사문의 개요를 살펴보면 마치 한 편의 힐링 글쓰기를 한 것 같다. ㉠에 해당하는 부분은 모두 과거에 경험 했던 힘든 상황들이다. 학창시절 겪었던 따돌림, 스물아홉에 겪었던 소속사와의 이별과 실연의 아픔, 공황장애 등을 겪은 힘든 시절의 이야기이다. 다만 기사문인 관계로 구체적인 진술이 생략되어 있으며, 또 그것으로 인해서 본인이 겪은 심각한 피해도 간략하게 처리 되어 있다. 그런가 하면 그 힘든 상황을 극복하는 방법에 대해서는 언급되어 있다. 밑줄 친 ㉡과 ㉢부분이 그것이다. ㉡은 스스로 극복 방법을 찾은 것(운동과 노력)이고 ㉢은 다른 사람의 도움을 받은 일(가족과 친구들의 이해)을 이야기 한 것이다. ㉣은 힐링의 효과로 거듭한 김하늘의 모습을 이야기하고 있다. 즉 배우이기 전에 한 사람의 여자로서, 한 가정의 장녀로서 팬들에게 다가 선 김하늘의 인간적인 모습을 볼 수 있다.

이처럼 힐링 글쓰기는 힘들었던 시절의 이야기를 구체적으로 풀어내는 것이 중요하다. 그 과정에서 스스로 찾은 방법이나 다른 사람의 도움을 받은 사실을 떠올리고, 현재 자신의 모습을 새롭게 찾는 것이 힐링 글쓰기의 목적이다.

아래 예시 글을 읽으면서 글쓰기가 어떻게 힐링이 되는지, 또 어떻게 힐링의 글쓰기를 해야 하는지를 살펴보자. 〈예시 1〉은 박완서의 산문집에서 일부를 인용하였다. 치유를 목적으로 쓴 글은 아니지만 이 과정의 글을 설명하기에 좋은 예라는 생각이 든다. 먼저 글의 구성을 보면 다섯 단락으로 나눌 수 있다. 첫째는 경험한 6 · 25에 대한 구체적인 상황이 제시되어 있다. 그리고 둘째 단락에서는 그로 인한 개인의 고통을 이야기한다. 이처럼 자기 삶에서 경험한 고통을 자세하게 진술하는 데서 힐링 글쓰기는 시작된다. 다음은 그 고통을 받는 동안에 다른 사람들이 '나'를 보는 시선을 적었다. 흔히 우리는 경험한 고통보다 주변 사람들의 시선 때문에 힘드는 경우가 많다. 박완서는 이런 시선을 놓치지 않았다. 그것은 혈육을 잃은 슬픔을 모두 숫자(보상)로만 덮어버리는 세상의 눈빛이었다. 그리고 난 후 그 고통을 벗어나기 위해 기울인 노력을 적었다. 외치고 싶은 대로 외쳤던 것이 박완서의 해결책이었다. 가족을 잃은 아픔을 글로 쓰기 시작했다. 그럼으로써 아픔이 치유되어 갔다는 이야기이다. 인용 글은 고통을 겪은 당사자가 스스로 해결책을 찾은 것이지만, 경우에 따라서는 다른 사람의 도움을 받으면서 해결하는 수도 있다. 그렇다면 도움을 받은 내용과 도움 준 사람과의 관계 등을 자세히 적으면 된다. 결국 박완서는 뒤늦은 등단을 했지만 우리 한국문학사에서 빼 놓을 수 없는 소설가가 되었다. 가족이 겪은 아픔을 적어 가는 과정이 소설가라는 의 '나' 안의 새로운 '나'를 발견한 셈이다. 이처럼 치유의 글쓰기는 단순하게 고통을 잊어버리는 것을 넘어서 자기도 모르는 내 새로운 가능성을 찾을 수 있는 힘을 가지고 있다.

〈행복한 자기 삶 쓰기 예문1 : 고통의 치유〉

못가 본 길이 더 아름답다(부분)

박완서

대학 입학식을 치르고 며칠 지나지도 않아 6.25가 났다. 집안 남자들의 비참하고 억울한 죽음, 굶주림, 폭격과 기총소사, 혹한의 피난길, 그 와중에서도 좌(左)냐 우(右)냐 하는 이념에 따라 혈육과 가정이 분열하고 …(중략)… 내가 누구인지가 중요한 게 아니라 어떻게 대답해야 살아남을 수 있는지가 더 중요했던 시기를 거치면서 잃어버린 내 정체성, 고달픈 소녀 가장을 거쳐서 …(중략)… / **1. 경험한 사실 및 구체적인 상황**

실제적인 가슴의 통증으로 비명을 삼킬 때도 있었고, 어디 남 안 듣는 곳에 가서 실컷 소리 지르고 싶은 충동이 뭉쳐 병이 될 것 같은 적도 있었다. / **2. 상황에 대한 개인의 정서(피해와 고통, 기쁨 등)**

'잘살아보자'는 민족적 여망은 자식도 남편도 가슴에 묻기보다는 통계숫자 안에 안착을 시켰다. …(중략)… 내 피붙이가 나에게 특별한 것처럼 죽어간 내 피붙이는 각자 고유하고 특별한 자기만의 세계를 가지고 있었다. 그들만의 세계는 아무도 함부로 할 수도, 바꿔치기할 수도 없는 그들만의 우주였다. …(중략)… 그런데 어떻게 몇 백만 분의 일이라는 숫자 안에 도매금으로 넘길 수 있단 말인가. 나는 내 피붙이만은 그 도매금에서 빼내어 개별화시키고 싶었다. 몇 백만 분의 일이라는 죽은 숫자에다 피를 통하게 하고 싶었다. / **3. 다른 사람들의 시선**

그들(희생된 피붙이들 : 편집자 주)의 고통, 그들의 억울한 사정을 외치고 싶어서 가슴이 터질 것 같았다. 누가 들어주건 말건 외치지 못하면 억울한 죽음을 암매장한 것 같은 죄의식을 생전 못 벗어날 것 같았다. 외침으로써 위로받고 치유 받고 싶었다. / **4. 극복 방법 ①스스로 ②남의 도움으로**

그래서 늦은 나이에 소설이라는 걸 써보게 되었고, 비교적 순탄한 작가생활을 하면서 스스로 치유 받고 위안을 얻은 것처럼 느낀 것도 사실이다. …(중략)… 지금도 문학 강연 같은 걸 하게 될 때는 소설이 지닌 이런 미덕, 쓰는 이와 읽는 이가 함께 누릴 수 있는 위안과 치유의 능력에 대해 말하곤 한다. 내가 내 소설을 통해 구원받았다는 걸 인정하고…(하략)… / **5. 새로운 가능성**

〈행복한 자기 삶 쓰기 예문2 : 즐거움의 확장〉

막걸리와 기산과 나와

김종헌

일요일 아침, 밀린 글을 쓰고 있는데 기산(起山)으로부터 전화가 왔다. 막걸리를 사 놓았는데 시간나면 와서 가져가란다. 어제 의성 들렀다가 생각나서 사 왔단다. 허허, 이 사람, 생각은 무슨 생각, 뜬금없이….

기산은 고등학교 때 친구이다. 언제부터 그를 기산으로 불렀는지는 명확하지 않다. 고3 때 우리는 공부에 담을 쌓은 것은 아니지만 틈틈이 소설을 읽었다. 아마 그때 어느 소설 속 등장인물 중 한 사람이었던 기산을 그는 아호처럼 사용하였다. 군복무 시절 내게 보낸 편지에 수도 없이 '기산으로부터'라며 말미를 장식했다. 기산뿐만 아니라 나는 고등학교 친구 몇이서 지금도 부부동반으로 모임을 이어가고 있다.

지난봄에 이 모임에서 의성 산수유마을을 갔는데 그때 어느 동내식당에서 점심을 먹었다. 나름 맛집이었다. 부추전이 고소했고 칼칼한 된장찌개에 곁들인 푸성귀는 촌놈의 입맛을 사로잡았다. 그런데 비빔밥보다 막걸리가 더 맛있었다. 춘산 막걸리. 촌스런 이름의 막걸리였지만 의성 춘산리에서 나는 향토 막걸리였다. / **1. 경험한 사실 및 구체적인 상황**

평소 소주나 맥주 대신에 막걸리를 즐기는 나를 고려한 탓도 있지만, 우리 입맛에 적중했다. 막걸리라고 다 같은 것이 아니다. 살균막걸리는 유효기간이 보통 1년이다. 유효기간이 길어서가 아니라 탄산과 단맛이 섞인 막걸리는 내 입맛이 아니다. 누룩 내가 진동하는 생막걸리인 금정산성막걸리가 내 입에는 제일이다. 부산 금정구 금정산성 어디서 생산되는데 유통기한이 짧은 관계로 대구에서는 구하기가 어렵다. 대신에 나는 불로막거리를 즐긴다. 대구 불로동 도가에서 만드는 생막걸리이다. 그 중에서도 쌀막걸리보다 밀막걸리가 더 좋다. 목너미 전에 입안에 도는 걸쭉한 느낌과 시큼한 맛이 일품이다. 이런 까다로운 내 막걸리 선택에 한 번도 불만을 갖지 않은 친구들은 그날도 의성 춘산 막걸리가 맛있다는 내 말을 듣고는 좀 사서 가자고 했다. 하지만 운전대를 잡은 기산은 마트를 놓치고 말았다.

농담처럼 한 말이지만 그날 춘산 막걸리를 사오지 못한 것이 기산은 못내 마음 쓰였나보다. 어제 의성 본가에 일이 있어 갔다가 역 앞 어느 슈퍼에서 춘산 막걸리 네 병을 샀단다. 하루 이틀 지난 것도 아니고, 봄빛에 보았던 그 산수유 꽃이 지고 빨갛게 익은 열매마저 말라갈 즈음이었는데…. / **2. 상황에 대한 개인의 정서(피해와 고통, 기쁨 등)**

그날 난 어느 아동문학 잡지 겨울호의 마감 시일을 넘긴지라 글빚에 시달리며 모니터 앞에서 끙끙대고 있었다. 그런데 그 타이밍이 절묘했다. 기산의 전화를 받는 순간 무거웠던 마음이 한 순간에 날아갔다. 산수유마을에 지천으로 피었던 노란 꽃만큼이나 고마웠다.

재 너머 성권롱(成勸農) 집에 술 익닷 말 어제 듣고
누운 소 발로 박차 언치 놓아 지즐 타고
아이야 네 권롱(勸農) 계시냐 정좌수(鄭座首)왔다 일러라.

송강이 아랫마을 친구 집에 술 '익었다'는 소식을 전해 듣고 한달음에 뛰어갔는데, 나는 가만히 앉아서 친구로부터 술 '있다'는 전화를 받았으니 내가 송강보다 못할 것이 없다. 글재주는 그렇다 쳐도 적어도 인간적인 면에서는 부러울 게 없다. 누구처럼 글로써 권력을 잡은 적도 없고 또 그것을 누리려고 사람을 헤치지도 않았다. 내 옆에는 오직 40년 지기 친구들이 있을 뿐이다. 누운 소를 발로 박차고 한 걸음에 달려간 송강과 달리 나는 알았다고 답하고 내일 한 번 들르겠다며 전화를 끊었다. / 3. **의미의 확장**

듣고 있던 아내가 한마디 거든다.
- 아니, 친구는 술 사놓고 한 잔하자고 연락하는데, 당신은 뭐 그런 식으로 전화를 받아? 막걸리만 좋아했지 당신은 아직 멀었어.
- 그게 아니고, 난 지금 밀린 글이 급하잖아.

그랬더니 나보고 그게 문제란다. 어쨌든 나는 원고를 마무리했고, 다음 날 퇴근길에 기산을 찾아갔다. 막걸리를 받으려고. 아파트 주차장에서 만난 우리는 막걸리를 주고받으며 멋쩍게 웃었다.
- 야, 어제 니 전화 받으며 내일 간다 캤다가 마누라한테 한소리 들었다 아이가.
- 와?
- 기산 씨는 잘 먹지 않는 막걸리를 일부러 사와서 당신하고 한잔 하고 싶었을 텐데, 뭔 전화를 그리 받느냐고.
- 나도 한소리 들었는데, 울 마누라한테.
- 니는 또 왜?
- 막걸리를 사왔으면 갖다 줘야지, 삐쭉 전화해서 가지러 오라카마 되겠냐고.
- 허허허.
- 그러게. / 4. **다른 사람들의 시선**

> 멋쩍은 웃음을 지으며 우리는 그 동네 골목 술집으로 갔다. 정좌수가 성혼(成渾)의 집을 아무 기별도 없이 찾아간, 아니 기산이 그 누룩 내 나는 막걸리를 들고 온 우정을 안사람들이 알까. 그래도 아내의 그 한소리가 잔소리로 들리지 않았기에 우리는 그날도 맘 놓고 술잔을 들었다. **5. '나' 안의 새로운 가능성-우정**

(2) SNS를 활용한 자기 삶 쓰기

SNS란 소셜네트워크서비스(Social Network Service)의 약자이다. 온라인 서비스를 통해서 사회 관계망을 구축해주는 시스템을 일컫는 말이다. 즉 인터넷을 이용하여 각자의 생각이나 정보를 주고받을 수 있게 해 주는 서비스이다. 최근에는 스마트기기 보급의 증가로 그 이용자 수가 급증하고 있으며 SNS의 종류도 다양해지고 있다. 지금까지 보편적인 SNS는 페이스북(Facebook)이나 트위터(twitter) 등과 같이 나열식으로 정보를 공유하는 것이다. 반면에 관심 있는 특정 분야를 사용자가 직접 제작하여 사진이나 동영상 등을 공유하는 사용자콘텐츠(UCC: User Created Contents) 방법의 SNS로 유투브(YouTube)나 플리커(flicker) 등도 있다.

이 SNS는 오늘날 정보유통에 막대한 영향을 끼치고 있다. 그 이유는 참가자 개인이 정보를 발신하는 1인 미디어의 기능을 하는 점과 순식간에 광범위하게 정보를 전파할 수 있기 때문이다. 따라서 기업에서는 이를 이용하여 자사 상품을 홍보하기도 하고 각종 이벤트 정보를 제공하기도 한다. 한편 SNS는 기업뿐만 아니라 사회운동의 차원에서도 주목 받고 있다. 즉 민감한 정치 · 사회적인 사안에 대해서 시민의 참여를 유발하고 여론을 형성하는데 편리한 점이 있기 때문이다. 이처럼 SNS를 이용하는 주된 원인은 누구나 콘텐츠를 생산할 수 있고 또 그것을 시간과 장소에 구애받지 않고 빠르게 나눌 수 있는 장점이 있기 때문이다. 하지만 SNS는 온라인 상태에서 익명으로 이루어지는 경우가 많기 때문에 개인 정보가 노출될 위험이 있으며 이것이 범죄에 악용될 여지가 있어 주의하여야 한다. 또 수면장애 등 건강을 해칠 수도 있다. 이러한 부작용을 최소화하면서 SNS를 활용하여 글쓰기를 하면 자기표현의 욕구를 충족하고 또 다양한 방법으로 자기 삶을 가꿀 수 있는 장점이 있다.

스마트폰 사용의 급증으로 기업이나 사회단체 이외에 개인도 SNS를 이용하여 다양한 정보를 공유하고 자기표현을 하고 있다. 개인의 경우는 정보의 공유보다 자기 삶의 경험을 써서 올리는 경우가 대부분이다. 여행의 경험이나 맛집을 찾아갔을 때의 기쁨 혹은 불편을 겪은 일에 대한 넋두리나 문제제기 등이 대부분을 차지한다. 따라서 SNS에 글을 올리는 것은 자기 삶을 가꾸는 치유의 글쓰기가 될 수 있다.

능력 높이기 4

1. 자기소개서 작성 연습

- 성장과정 및 학창시절에 기억나는 경험 중 본인이 중점적으로 노력한 것을 중심으로 쓰시오. (500자)
- 취미와 특기를 소개하고 자신의 가치관과 성격을 써시오.(500자)
- 자기가 희망하는 회사를 구체적으로 선정한 후에 지원동기 및 입사 후 포부에 대해서 (500자)
- 남에게서 도움을 받았거나 남에게 도움을 준 경험(500자)
- 지금까지 살아오면서 가장 어려운 일에 도전해본 경험(500자)

2. 페이스북/인스타그램 등 SNS 활용하여 자기 삶 쓰기 연습

- 여행지에서 맛있는 음식을 먹은 경험(사진도 함께 올리세요.)
- 작은 실수로 인해서 여행을 망친 경험을 쓰고, 독자(follower)에게 당부하는 내용의 글 쓰기
- 그동안 도움을 받은 사람들(버스기사, 기숙사 환경미화원, 커피샵 아르바이트생 등)에게 감사의 편지 쓰기

04
Chapter

스토리텔링 쓰기

학습목표

1. 이야기의 중요성에 대해 생각하고 일상 속 이야기가 가지는 힘에 관해 알 수 있다.
2. 스토리텔링을 활용하여 자신의 의견을 효과적으로 전달하는 방법을 실습한다.

1. 이야기의 힘

여느 때와 다름없던 어느 날 밤, 한 여인이 왕의 간택을 받았다. 매일 밤 해가 뜨고 나면 싸늘한 주검으로 변한 여자들이 궁궐 뒤 모래 산에 버려지고 있다는, 세간의 흉흉한 소문이 있었다. 여인은 차마 떨어지지 않는 발걸음을 끌며 호위병에게 이끌려 왕의 침소에 당도했다. 화려한 휘장 뒤에 누운 왕이 말했다.

> 너는 오늘 밤 성은(聖恩)을 받을 것이고 내일 새로운 해가 뜨면 죽을 것이다. 이것은 왕명이므로 너는 거스를 수 없다.

여인은 부당하다고 생각했다. 도무지 자신이 죽어야 할 이유가 없었다. 그러나 왕의 결심은 확고했고 여인은 저항할 힘이 없었다. 왕의 비틀린 심기를 바로잡을 여유도 없었다. 여인은 왕에게 마지막 소원 하나를 청했다.

왕이시여. 저의 이야기 하나만 들어 주시고 저를 죽이십시오.

왕은 그 정도의 청은 타당하다고 생각했다. 사실 왕은 그간의 수많은 일들로 괴로웠고 그로 인해 외로웠다. 왕은 여인의 청을 들어 주었다. 여인은 떨리는 목소리를 가다듬고 이야기를 시작했다.

어느새 궁궐의 수많은 창으로 붉은 빛이 스미고 있었다. 멀리 여인의 마을에서 소리를 높이는 닭의 울음소리가 들려왔다. 그러나 이제 막 절정으로 치닫던 이야기는 아직 끝나지 않았다. 밤새 쉬지 않고 이야기를 했던 여인이 몹시 지친 목소리로 말했다.

왕이시여. 남은 이야기는 오늘 밤 다시 들려드리겠습니다.

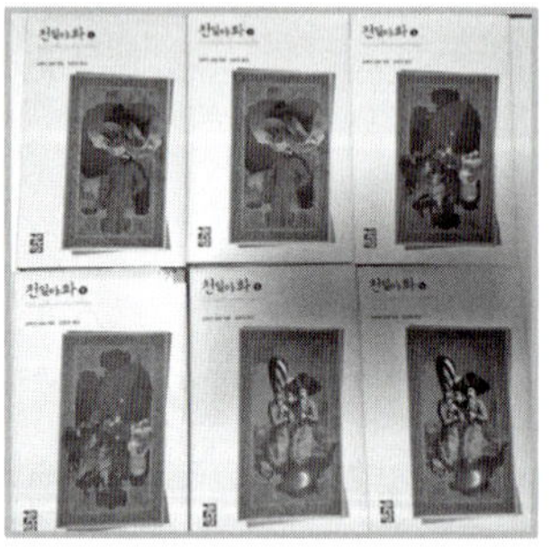

『천일야화』

왕은 밤새 이야기를 들었지만 얼굴에 생기가 돌고 있었고 허리를 편 채 여인의 곁에 바투 앉아 있었다. 왕은 탄식했다. 극적인 순간에 이야기를 멈춘 여인이 야속하기까지 했다. 하지만 여인은 이미 지쳐 고개를 숙인 채 잠에 빠져 있었다. 왕은 여인을 자신의 침대에 눕히고 방을 빠져 나갔다. 주위를 불러 여인이 깨어나면 좋은 음식을 주고 즉시 자신에게 이르라고 일렀다. 그는 하루 종일 기분 좋은 긴장감에 빠져 궁궐의 이곳저곳을 누비고 다녔다. 늘 살벌하게 치켜뜨고 다니던 눈에 슬며시 미소가 어려 있었다. 매일 밤 여자들의 시체를 치우던 병사들이 수군거렸다.

어젯밤 여자가 죽지 않았어.
그 여인이 무슨 수를 부린 것이지?
미색이 그리 출중한 것도 아닌데…, 설마 마녀인가?
아니야. 그저 여염집의 딸이라더군.
그 여자의 이름이 뭐야?
'세헤라자드'라고 하던데.
그나저나 왕은 왜 여자를 죽이지 않았지?
글쎄, 소문에는 오늘 밤 임금이 여자의 이야기를 들어야 되기 때문이라는군.
이야기?

위대한 페르시아의 이야기집『천일야화』는 이렇게 만들어지게 된다. 어떤 설득과 호소에도 꿈쩍하지 않던 임금의 무서운 법령을 허물어버린 것은 목숨이 경각에 달린 세헤라자드의 이야기였다. 임금은 못 다들은 이야기를 듣기 위해 자신의 분노를 삭이고 다음 밤을 기약한다. 그러기를 천 일. 마침내 세헤라자드는 죽지 않고 자유의 몸이 되어 살게 된다. 이야기가 그녀를 살린 것이다.

2. 이야기와 정보

우리는 타자(他者)를 향해 흔히 이런 말을 건넨다.

"이야기 좀 하자."

이 말을 건네는 이는 지금 어떤 마음을 가진 것일까? 상대에게 어떤 불만을 잔뜩 담고 있을 수도 있고 혹은 뭔가 간절한 심정으로 부탁을 하려고 할 수도 있을 것이다. 또 애틋한 정을 전하고자 할 수도 있겠고 뭔가 은밀한 비밀을 털어놓으려고 할 수도 있을 것이며 그냥 심심해 시간이나 때우려는 의도일 수도 있을 것이다. 그 무슨 의도이던 간에 사람과 사람이 마주 앉으면 일단은 이야기를 해야 한다. 이야기를 통하지 않으면 사람과 사람 사이를 연결하는 고리는 없다. 글을 써서 전하는 것도 엄밀히 말하면 매체가 변형된 이야기이고 방송에 출연해 일방적으로 자신의 속내를 피력하는 것도 분명 이야기이다.

인간은 살아 있는 이상, 이야기를 벗어날 수 없다. 무인도에 홀로 남겨진 사람이라 하더라도 스스로 삶을 포기하지 않는 이상 그 속에서 이야기는 만들어지게 마련이다. 심지어 몇 해 전 개봉한 영화 〈마션〉의 주인공처럼 수만 킬로미터나 떨어진 화성에 홀로 남겨지게 되더라도 인간은 이야기꺼리를 만들고 또 그 이야기에 따라 생존하게 된다.

그런데 여기서 한가지 궁금한 점이 생긴다. 앞서 말한 이들, 그러니까 고립 속에서 살아간 이들이 끝내 발견되지 않고 숨을 거두었다면 그들의 삶은 이 세상에 존재하는 것인가, 존재하지 않는 것인가? 결론부터 이야기하자면 그들의 삶은 없는 것이나 마찬가지다. 화성에 홀로 남겨진 우주비행사가 도저히 살아갈 수 없는 척박한 땅에서 제 아무리 기지를 발휘해 자신의 천수를 다 누리고 노환으로 숨을 거둔다하더라도 그의 파란만장한 이야기가 옮겨지지 않으면 그것은 없는 것이나 마찬가지가 된다. 그러므로 인간의 삶을 비롯한 세상의 모든 일은 이야기를 통해 전달될 때만 존재하는 것이다. 물론 인간의 삶이 실체이긴 하지만 그 실체는 이야기가 없이 존재할 수 없다.

'따지고 보면 모든 일은 이야기 속에 존재한다'

이야기는 그만큼 중요하다. 이야기 없는 삶은 없다. 이야기는 세상의 모든 현상을 전달하는 가장 보편적이고 발전된 수단이다. 이야기는 인류가 문명을 시작하는 순간 시작되었고 문명은 이야기 속에서 전달되고 발전해 왔다.

그렇다면 우리는 이야기를 어떻게 정의내릴 수 있을까? 발터 벤야민은 자신의 저서 『발터 벤야민의 문예이론』에서 이야기를 이렇게 정의하고 있다.

이야기는 먼 곳에서 일어난 흥미로운 일이 듣는 이에게 기억되기를 의도하며 오랜 시간 전달 내용의 생명력과 유용성을 유지하면서 사건, 사물과 함께 체험한 사람의 흔적을 전달하는 매체이다.

벤야민은 이야기의 정의에 관한 이해를 돕기 위해 정보에 관한 정의도 함께 기술하고 있는데,

정보는 사물과 사건의 순수한 실체를 전달하려는 목적을 가지고 가까이에서 일어나는 검증 가능한 일이 듣는 이를 자극하기를 의도하지만 전달된 그 순간부터 내용의 유용성과 생명력이 쇠퇴하는 매체이다.

이야기와 정보가 가진 특징적 사항을 간추려보면 다음과 같다.

정보

① **가까움**: 지정학적 위치나 장소, 시간이 정확해야 이용의 가치가 높음.
② **검증**: 무의미하거나 거짓된 것을 추출.
③ **자극**: 현실적인 목적성을 가지고 전달되기를 희망함.
④ **짧은 생명력**: 되도록 많은 전달성을 미덕으로 가짐.
⑤ **실체 전달**: 활용은 상관없지만 변용이나 왜곡을 허락하지 않음.

이야기

① **먼 곳**: 지정학적 위치나 장소, 시간의 구체성이 중요하게 다루어지지 않음.
② **흥미**: 사실이나 실체에 관한 특별한 검증이 우선 시 되기보다는 듣는 이의 관심을 우위에 둠.
③ **기억**: 듣는 이의 기억에 남아서 다시 다른 이에게 전달되기를 바람.
④ **생명력과 유용성**: 일회적인 용도로 이용되지 않고 사회와 세대를 초월하여 이용됨.
⑤ **흔적 전달**: 활용이나 변용, 왜곡 등에 구애받지 않고 비교적 자유롭게 전파됨.

위의 정리를 참고하여 아래의 두 글을 읽어보도록 하자.

영묘사(靈廟寺)의 옥문지(玉門池)에서 한겨울에 개구리들이 모여 사나흘 동안 울어댔다. 나라 사람들이 괴이하게 여겨 왕에게 물었다. 왕은 급히 알천과 필탄 등에게 정예 병사 2천명을 이끌고 서둘러 서쪽 교외로 나가서 여근곡을 물어보면 그곳에 틀림없이 적병이 있을 테니 습격하여 죽이라고 말하였다. 두 장군이 명을 받고 나서 각기 천여 명을 거느리고 서쪽 교외로 가서 물었더니 부산(富山) 아래 여근곡이 있었고 백제 군사 5백 명이 그곳에 숨어 있었으므로 에워싸서 죽였다. …〈중략〉… 개구리의 성난 모습은 군사의 형상이고 옥문이란 여인의 음부로서 여인은 음이 되며 그 색깔은 흰데, 흰색은 서쪽을 나타내기 때문에 군사가 서쪽에 있음을 알았다. 남근이 여근에 들어가면 반드시 죽게 된다. 따라서 쉽게 잡을 수 있음을 안 것이다.

637년 5월 여름, 개구리 떼가 대궐 서쪽 옥문지에 모여드니 왕이 이를 듣고 좌우신하에게 이르기를 "개구리의 불거진 눈은 병사의 형상이라 내가 일찍이 서남쪽 변경에 옥문곡이라는 지명을 가진 곳이 있다고 들었으니 이웃나라 병사가 이 골짜기에 잠입한 것이 아닌가 싶구나."

그리고는 곧 장군 알천과 필탄에게 그곳을 수색케 하니 과연 백제 장군 우소(于召)가 독산성을 습격하기 위하여 군사 5백 명을 이끌고 와서 그곳에 숨어 있었다. 알천이 이를 습격하여 모두 죽였다.

같은 내용을 담고 있지만 전자는 일연의 『삼국유사』에, 후자는 김부식의 『삼국사기』에 수록된 글이다. 두 이야기는 모두 신라시대 선덕여왕의 뛰어난 혜안을 담고 있는 일화를 소개하고 있지만 그 전달의 방법이 사뭇 다르다.

사기(史記)와 유사(遺事)의 차이점

『삼국유사』와 『삼국사기』는 우리 민족을 대표하는 역사서이다. 그렇다면 두 책의 제목의 쓰이고 있는 유사와 사기는 어떤 의미를 가질까? 우선 사기는 사실에 바탕을 둔 정사(正史)이다. 물론 저술자의 역사관이나 정치 성향에 따라 진실과는 다른 방향의 의도가 피력되기는 하지만 사기에는 시간이나 공간 사건 등이 가공을 거치지 않고 기록되어진다.

반면에 유사는 옛이야기의 성격이 강하다. 역사적 사건이나 인물을 바탕에 두고 기록되어지는 것은 분명하지만 그 속에 담겨진 내용들은 사기에서 다루지 못하는 전설이나 신화 우화 등이 포함되어 있다. 그래서 사기보다는 읽기가 쉽고 훨씬 흥미로우며 전달력이 강하다.

우선 두 글에 기록된 내용들을 분석적으로 살펴보도록 하자.

장소: 경주의 서쪽(공통), 옥문지(공통), 영묘사(삼국유사), 여근곡(삼국유사), 옥문곡(삼국사기), 부산(富山, 삼국유사), 남산고개 바위(삼국유사)

시간: 겨울(삼국유사), 637년 5월(삼국사기), 여름(삼국사기)

인물: 알천(공통), 필탄(삼국유사), 우소(공통), 신라병사 2000명(삼국유사), 백제병사 500명(공통)

사건: 개구리 떼의 등장(공통), 개구리 떼의 울음(삼국유사), 백성들의 불안(삼국유사), 전투(공통), 신라의 승리(공통), 선덕여왕의 혜안에 관한 부연(삼국유사)

우리가 이 두 글이 가지고 있는 각각의 요소들을 통해 파악할 수 있는 점은 같은 내용을 담은 이야기라고 할지라도 전달의 목적에 따라 구성이나 소재, 방식 등이 상이해진다는 점이다. 삼국유사의 경우 (유사라는 제목이 가진 의도 그대로) 이야기를 만들기 위한 여러 가지 장치들을 곳곳에 배치한 반면 삼국사기의 경우는 사건의 핵심만 간추린 듯한 느낌을 준다.

우선 삼국유사가 가진 이야기로서의 특징을 살펴보도록 하자. 삼국유사에서는 정확한 연대기를 기록하지 않고 겨울이라는 계절적 배경만을 제시하고 있다.

그런데 이러한 겨울이라는 계절적 배경은 개구리라는 소재와 만나면서 사실과는 동떨어진 성격을 가지게 된다. 그렇다면 일연은 왜 겨울과 개구리라는 이질적인 요소를 가져와 선덕여왕의 혜안을 소개한 것일까? 이야기는 현실을 그대로 소개할 수 없다. 일종의 가공이 필요하다. 그 가공은 뒤에 다시 소개하겠지만 이야기의 궁극적인 목적인 흥미를 위한 것이다. 흥미가 없는 이야기는 도태될 수밖에 없다. 정보는 흥미가 없더라도 사실을 담은 그 자체로 존재의 이유가 충분하지만 이야기는 듣는 이의 흥미를 유도하지 않으면 존재의 이유가 사라진다. 그러므로 사실에 관한 가공이 필요한 것이다. 그 가공의 첫 번째 요소가 바로 인과관계이다. 사실은 인과관계 속에서 존재할 수도 있고 존재하지 않을 수도 있지만 이야기는 반드시 인과관계 속에서 만들어져야 한다. 그렇다면 위의 삼국유사 속 이야기는 어떤 인과관계를 유지하고 있는가?

위의 이야기를 한 문장으로 요약하면,

'한겨울에 개구리 떼가 출현해 떼로 울음을 내는 기이한 상황 속에 백성은 불안에 떨게 되고 그 불안을 해소하기 위해 여왕이 혜안을 발휘한다'는 것이다.

이러한 일련의 구조는 이야기가 필수적으로 가져야 하는 인과관계를 여실히 보여준다. 말하자면 한 사건에 대해 듣는 이는 '왜?'라는 질문을 던질 수 있는 구조이며 말하는 이는 그 질문에 합당한 대답을 내어 놓을 수 있는 충분한 여건을 갖춘 것이다.

그렇다면 삼국사기가 가진 특징적 요소는 어떠한가? 우선 삼국사기에서는 정확한 연대를 명기함으로써 비현실적 요소를 최소화하였으며 여러 장소를 언급하는 것이 아니라 사건에 핵심적 배경이 되는 지명만을 제시하고 있다. 또한 개구리 떼가

출몰한 사건 역시 여름이라는 합리적인 계절 속에서 이루어져 있으므로 사건에 대한 흥미보다는 사실 그 자체를 전달하는 데 집중하고 있다는 점을 알 수 있다. 말하자면 사실을 가공하지 않고 말하는 이가 있는 그대로 전달하기 위해 핵심적인 요소만을 선별적으로 추려 놓은 정보라고 할 수 있다. 그러므로 우리는 삼국사기의 글을 읽고 '왜?'라는 질문을 섣불리 던질 수 없고 글쓴이 역시 사건이 가진 인과관계를 설명할 필요도 없다.

능력 높이기 1

삼국유사와 삼국사기에 소개된 같은 사건을 찾고 두 책이 그 사건을 다루는 차이점에 관해 조사해 보자.

근래 이슈가 되고 있는 사건 하나를 지정하고 각각의 매체가(신문, 방송, 포털, 블로그 등) 그 사건을 어떤 방식으로 다루고 있는지에 관해 살펴보자.

3. 이야기의 확장

하나의 사실 혹은 말하는 이의 상상력이 플롯(구성)이라는 가공을 거치면 모두 이야기로서의 자격을 갖추게 되는 것인가? 결론부터 말하자면 그렇다고 할 수도 있고 아니라고 할 수도 있다. 물론 좋은 구성은 별 것 아닌 사건도 관심을 기울이게 하는 힘을 만드는 것이 분명하다. 하지만 이야기는 말하는 이의 일방적인 전달만으로는 그 역할을 다했다고 할 수 없다. 이야기는 반드시 말하는 이와 듣는 이의 소통이 존재해야 하고 이야기가 끝난 후 들은 이의 감상이 만들어져야 한다. 이러한 감상의 대표적인 기술이 바로 '우의'와 '상징'이다.

우의와 상징의 적용은 이야기를 수용하는 가장 중요한 기술이며 특히 문학을 감상하고 사유를 확장하는 주요한 수단이다. 모든 문학에서 마찬가지가 되겠지만, 표면적 서사에 국한된 독서는 작품의 스토리만 확인하는 초보적인 방식의 읽기 방법이다. 독서는 독자와 작가와의 지적인 다툼이 오가는 장(場)이며 작가가 기록한 이야기를 독자 스스로가 이야기하는 방식의 이야기로 정의할 수도 있다.

유능한 작가는 되도록 작품 속에 거대한 이면을 심고자 노력한다. 우리가 흔히 작품의 깊이가 있다고 말하는 것은 바로 이 이면을 두고 하는 말이다. 한편 진지한 독자는 작품 속 인물, 배경, 사건을 중심으로 해서 곳곳에 숨어있는 복선을 찾아내고 작가가 진심으로 전하고자 하는 소리에 귀를 기울인다. 말하자면 한편의 문학은 숨겨진 것을 만들고 그것을 찾아내서면 완성되는 셈이다. 우의와 상징은 바로 문학 속 숨겨진 그 무엇을 만드는 가장 대표적인 기술이다.

우의 (寓意) 다른 사물에 빗대서 은연중 어떤 의미를 비춤.

우의를 담아내는 가장 대표적인 장르는 우화(寓話)이다. 여기 이야기 속 한 장면만으로도 그 제목을 알 수 있는 대표적인 우화가 있다. 잠을 자고 있는 토끼와 쉬지 않고 발걸음을 옮기고 있는 거북이의 모습에서 우리가 파악하는 의미는 무엇인가?

낮잠 자는 것을 즐기는 토끼와 느리지만 오래 걸을 수 있는 거북이의 습성에 관한 것이 이 이야기의 주요한 주제라고 생각하거나 토끼와 거북이의 속도 경쟁에서 거북이가 이겼다는 사실에 주목하는 사람은 아무도 없을 것이다.

이솝우화에 나오는 「토끼와 거북이」는 표면적으로 등장인물(동물)과 행위와 배경 등 통상적인 이야기의 요소들을 다 갖추고 있는 이야기인 동시에, 그 이야기 배후에 정신적, 도덕적, 또는 역사적 의미가 전개되는 뚜렷한 이중구조를 가진 작품이다. 말하자면 구체적인 심상의 전개와 동시에 추상적인 의미의 층이 그 배후에 동반되고 있다.

〈토끼와 거북이〉

「토끼와 거북이」의 표면적인 이야기는 '알량한 재주만 믿고 꾀를 부리는 자는 우직한 품성의 인물을 따르지 못한다'는 교훈적인 주제로 환원된다. 환원이라는 용어를 사용하기는 했지만 사실 이 우화는 교훈적인 주제를 바탕으로 하여 표면적인 이야기를 만들었다고 보는 편이 옳다. 알량한 재주로 꾀를 부리는 인물을 토끼로 설정하고 우직한 품성의 인물에는 거북이를 내세웠다. 말하자면 일반적이고 추상적인 개념을 인물로 그려낸 우의적 주인공인 셈이다. 우의적 서사 혹은 우의적 인물의 의미를 파악하는 과정에서 주목해야 할 점은 표면적 이야기에서 이면적 이야기로 환원될 때 단일한 의미가 단일한 대상에 적용된다는 점이다. 말하자면, 〈토끼- 알량한 재주로 꾀를 부리는 자〉, 〈거북이- 우직한 품성의 인물〉 식의 단선적인 대응으로 이루어져야 한다. 이처럼 우의는 표면과 이면의 거리가 그리 멀거나 복잡하지 않다. 그렇다면 우의와 비슷한 이야기 확장의 방법인 상징은 어떤 특징을 가지고 있을까?

상징 (象徵) (사회 집단의 약속으로서) 말로는 설명하기 힘든 추상적인 사물 · 개념 따위를 구체적인 사물로 나타냄. 또는 그 대상물

〈백설공주〉 속
여왕과 마법 거울

앞서 살펴본 우의가 확장된 비유의 역할을 한다면 상징은 암시적 비유로 정의할 수 있다. 상징은 표면과 이면이 단선적 대응의 성격으로 연결되지 않는다. 명쾌하게 연결되는 것이 아니라 불분명하지만 사유의 여운을 남기는 형태로 이어져 있어서 독자의 해석을 풍부하게 혹은 난해하게 만든다.

자, 이 역시 그림 속 주인공이 누구인지 단번에 알 수 있을 것이다. 이 여자는 거울을 보고 있다. 그리고 거울을 향해 세상에서 누가 가장 아름다운지 묻는다. 여자의 물음은 의문을 해결하기 위한 과정이 아니다. 그것은 확인의 절차이다. 세상에서 가장 아름다운 사람은 오직 자신이라야 한다. 지상 최고의 미는 언제나 당신의 것이라고 말해주던 거울이 어느 날, 더 이상 당신은 아름답지 않다고 비아냥거린다.

어떤 의미에서 「백설공주」의 본격적인 서사는 여왕의 좌절에서 시작한다고 보아도 무방하다. 여왕의 미를 향한 욕망과 좌절, 질투와 비극적 결말로 작품을 이해하게 된다면 대단히 복잡하고 넓은 의미를 가진 독해가 가능해진다. 말하자면 같은 텍스트를 전혀 다른 차원에서 이해하고 감상하는 일이 상징으로 인해 가능해지는 것이다.

그러므로 백설공주는 엄밀한 의미에서 작품의 주인공이 될 수 없다. 실제로 요즘 『백설공주』를 모티프로 만들어지는 영화들 중에는 백설공주의 삶에 초점을 맞추지 않고 여왕을 중심으로 서사를 구성하는 경우나 보다 적극적으로 자신의 운명에 맞서는 새로운 성격의 백설공주가 등장하는 경우도 있다.

능력 높이기 2

『백설공주』에 등장하는 '여왕'과 '거울' 관계를 현재 우리의 일상과 연계해 상징적으로 해석해 보자.

능력 높이기 3

다음의 두 예문은 우의와 상징을 대표하는 작품들이다. 작품에 첨부된 감상을 참고해 원작을 읽어 보도록 하자.

동물들은 공포에 질려 입을 다문 채 창고로 슬금슬금 돌아왔다. 개들도 재빨리 뛰어 돌아왔다. 처음에는 이 개들이 어디서 왔는지 누구도 상상을 못했지만 의문은 이내 풀렸다.

『동물농장』

그들은 젖 뗄 무렵부터 나폴레옹이 어미로부터 격리시켜 은밀히 길러온 강아지들이었다. 아직 어미 개처럼 자라지는 않았지만, 거대한 체구에 늑대처럼 사나운 얼굴을 하고 있었다. 그들은 나폴레옹 곁에서 잠시도 떠나지 않았다. 다른 개들이 존스 씨에게 한 것과 똑같이 나폴레옹을 보고 꼬리를 흔들고 있었다.

나폴레옹은 개들을 거느리고 전에 메이저가 연설했던 높은 단상으로 올라갔다. 그는 앞으로 일요일 아침 회합은 중지한다고 선언했다. 그런 회합은 불필요한 시간 낭비라고 말했다. 앞으로 농장 운영에 관한 모든 문제는 자신이 의장직을 맡고 있는 돼지들의 특별위원회에서 결정하겠다는 것이었다. 이 위원회는 비밀회의로 하며, 그들의 결정을 후에 다른 동물들에게 통고하겠다고 했다. 동물들은 앞으로도 일요일 아침에 모여 기(旗)에 경례를 하고 '영국의 가축들'을 노래하며 그 주일의 일에 대해 명령을 받겠지만 더 이상 토론은 없을 것이라고 말했다. …〈후략〉…

〈조지 오웰, 『동물농장』, 한혜정 역, 꿈꾸는아이들, 2004.〉

위의 예문은 너무나 유명한 조지 오웰의 『동물농장』 중에서 권력자 나폴레옹(돼지)이 자신의 숙명적인 라이벌이던 스노볼을 사나운 개들을 이용해 숙청해버리고 완전한 독재자로 집권을 시작하게 된 장면이다.

이 소설은 '제2차 세계대전'이 끝난 직후에 발표되었다. 사건은 '매이너 농장'(manor farm)의 수퇘지인 메이저 영감이 인간들의 착취에 대항하자는 봉기로 시작된다. 농장의 동물들은 농장 주인이던 존슨을 비롯한 여러 인간들을 몰아내고 농장의 주인이 된다. 동물들은 메이저 영감의 영도 아래 모두가 공평하게 일하고 공평하게 먹이를 나누며 행복한 나날을 보내게 된다. 그들은 채찍을 맞지 않고도 수확량을 늘렸고 각각의 개성에 맞는 일을

영화〈동물농장〉의 포스터
: 포스터 속 〈두 다리는 나쁘고 네 다리는 좋다(Two legs bad, Four legs good)〉라는 표어는 이 작품의 우의적 성격을 명확히 보여준다.

찾아내서 능률적인 노동을 할 수 있게 되었다.

하지만 메이저 영감이 세상을 떠난 후, 동물들 사이에서는 권력을 쟁취하기 위한 다툼이 벌어진다. 이상주의자인 스노볼과 현실주의자인 나폴레옹은 각자의 정책을 농장에 실현시키기 위해 매일 밤 격렬한 토론을 펼친다. 하지만 어느 날, 나폴레옹은 그동안 은밀히 키워온 사나운 개들을 풀어 스노볼을 습격하고 그는 농장 밖으로 도망쳐 버린다. 라이벌이 사라지고 개들을 풀어 농장의 동물들을 억압하면서 나폴레옹의 독재는 시작된다.

여기까지의 이야기로 미루어 볼 때, 『동물농장』은 붉은 혁명 이후 소련에서 벌어진 권력 다툼을 모델로 하여 만들어진 우화임을 알 수 있음과 동시에 우의가 가진 장르적 특성을 충실히 따르고 있음 파악할 수 있다. 인간의 착취로부터 동물들의 해방을 봉기한 메이저 영감은 마르크스, 현실주의자이면서 폭력적이었던 나폴레옹은 스탈린, 나폴레옹에 의해 권력 암투에서 패배한 스노볼은 트로츠키로 비유된다. 물론 당대 소련의 역사적 배경 지식이 없어도 이 작품은 충분히 재미있게 읽을 수 있는 표면적 서사를 갖추고 있다. 이 작품은 작가의 의도와 표면적 서사의 거리가 그리 멀지 않다.

등장인물의 성격을 파악하는 방법 역시 복잡하고 다의적인 해석을 필요로 하지 않는다. 작품의 후반부에서 드러나는 타락한 독재 권력자 나폴레옹이 인간이 사용하던 채찍을 들고 두 발로 걸어 다니며 자신의 의견에 반하는 동물을 도살자에게 팔아버리는 모습과 독재 권력 앞에 점점 더 무능해지고 저항의 힘조차 잃어버린 농장 내 동물들의 비참함은 작가의 의도가 지시하는 방향이 어느 곳인지 명백히 보여준다.

아래 작품은 카프카의 20세기 현대 환상문학의 대표작인 『변신』이다. 『변신』의 가치는 세기를 뛰어 넘어 포스트모더니즘의 관점에서도 중요한 작품으로 인정받고 있다. 그 이유는 『변신』이 시간과 공간, 역사의 구애를 받지 않고 무한한 비유와 상징으로 해석이 가능하기 때문이다.

> 그레고르 잠자는 어느 날 아침 불안한 꿈에서 깨어났을 때, 자신이 잠자리 속에서 한 마리 흉측한 해충으로 변해 있음을 발견했다. 그는 장갑차처럼 딱딱한 등을 대고 벌렁 누워 있었는데, 고개를 약간 들자, 활 모양의 각질(角質)로 나눠진 불룩한 갈색 배가 보였고, 그 위에 이불이 금방 미끄러져 떨어질 듯 간신히 걸려 있었다. 그의 다른 부분의 크기와 비교해 볼 때 형편없이 가느다란 여러 개의 다리가 눈앞에 맥없이 허우적거리고 있었다.

『변신』

'어찌된 셈일까?' 하고 그는 생각했다. 꿈은 아니었다. 그의 방, 다만 지나치게 비좁다 싶을 뿐 제대로 된 사람이 사는 방이 낯익은 네 벽에 둘러싸여 조용히 거기 있었다. 포장이 끌러진 옷감 견본이 펼쳐진 있는 책상 위에는 - 잠자는 외판사원이었다 - 그가 얼마 전에 어떤 화보 잡지에서 오려내어 예쁜 도금 액자에 넣어둔 그림이 걸려 있었다. 어떤 여자의 모습이었는데 털모자에 털목도리를 두르고 꼿꼿이 앉아 팔꿈치까지 온통 팔을 감싼 묵직한 털토시를 사람 눈앞에 치켜들고 있었다. 그 다음 그레고르의 시선은 창문을 향했는데 흐린 날씨가 -빗방울이 함석지붕을 두드리는 소리가 들렸다- 그를 아주 우울하게 만들었다. '한숨 더 자서 이 모든 어처구니없는 일들을 잊어버린다면 어떨까' 하고 생각했으나 전혀 그렇게 할 수 없었다. …〈중략〉… '아 아' 그는 생각했다. '이 무슨 고된 직업을 나는 택했단 말인가! 날이면 날마다 여행 중이라니. 집에다 벌여놓은 본 상점에서 일하는 것보다 직업상의 긴장이 훨씬 더 큰데다가 그 밖에도 여행의 고달픔이 덧붙여진다. 기차의 접속에 대한 걱정, 불규칙적이고 나쁜 식사, 자꾸 바뀌는 바람에 결코 지속되지도, 결코 정들지도 못하는 인간관계 등. 마귀나 와서 다 쓸어가라지!' 배 위가 좀 가려워, 머리를 좀더 높이 쳐들려고 침대 앞머리 기둥 가까이로 드러누운 채 천천히 등을 밀었더니 가려운 곳이 보였는데, 온통 무엇이라고 판단할 수가 없는 조그만 반점들로 뒤덮여 있어 한쪽 다리로 그 자리를 더듬어보려 했다가는 얼른 그 다리를 되움츠렸다. 건드리니까 소름이 쭉 끼쳤던 것이다.

〈프란츠 카프카, 『변신』, 민음사, 2008.〉

어느 날 아침, 잠에서 깨어나니 한 마리의 징그러운 독충으로 변해버린 어느 쓸쓸하고 피곤한 외판원의 이야기로 소설은 시작된다. 산업화에 따른 인간 소외나 정체성의 상실 같은 흔한 표현을 빌리지 않더라도 이 작품에서 등장하는 충격적인 '변신'의 테마는 서사의 이면을 매우 먼 곳으로 우회시키는 역할을 함에 틀림없다. 잠시 『변신』의 줄거리를 살펴보도록 하자.

침대에서 잠을 깬 그레고르 잠자는 자신이 거대한 벌레로 변해있음을 알게 된다. 그는 벌레로 변한 자신의 몸을 확인하는 충격적인 순간에도 만약 출장을 가지 못한다면 직장에서 해고되어 부모가 진 빚을 갚지 못할 것이란 걱정을 하고 있다. 잠자는 어떻게든 침대에서 일어나보고자 애를 쓰지만 미세하게 꿈틀거리는 것 외에는 출장길에 나설 방도가 없다. 그때 직장의 상사가 찾아와 그를 부른다. 상사와 가족들은 그를 재촉하지만 그는 알아들을 수 없는 괴성만 질러댈 뿐이다. 상사는 그 소리에 놀라 발길을 돌려버렸고 가족들은 그가

〈프란츠 카프카〉

병에 걸린 것이라고 생각하며 간호를 해준다. 하지만 시간이 지남에 따라 잠자의 존재는 가족들에게 짐이 되기 시작했고 어느 날 아버지가 집어던진 사과가 그의 등에 박혀 결국 어두운 방에서 쓸쓸히 죽음을 맞이하게 된다. 가족들은 그의 시체를 청소부에게 치우게 하고 홀가분한 마음으로 소풍을 떠난다.

이 이야기는 우선 현대 산업화 사회에서 낙오한 한 인간이 맞이하게 된 최후를 그리는 서사로 읽힌다. 또한 그레고르 잠자의 변신은 본래적 자아와 현실적 자아라는 개념을 통해 다시 설명될 수도 있다. 그의 본래적 자아는 가족의 생계를 책임지는 과정에서 점점 퇴색되어 간다. 오직 돈을 버는 것을 최대의 과제로 삼게 된 그의 현실적 자아는 잠자의 본래적 자아를 공격하게 되고 그로 말미암아 파괴된 잠자의 정신은 그의 육체마저도 흉측한 곤충의 모습으로 변화하게 만든다.

벌레는 결국 끝없는 욕망의 좌절 속을 살아가야 하는 인간들의 비극적인 상징물인 셈이다. 또한 그는 결국 가족들의 보호를 받지 못한 채 아버지가 던진 사과에 맞아 죽음에 이르게 되는데, 기독교적 상징을 대표하는 아버지와 사과는 이 작품의 이면적 해석을 더욱 복잡하고 광범위하게 이끌고 있다. 이러한 의미에서 작품 속 '변신'의 다의성은 우의가 아닌 상징의 차원으로 이해하는 근거가 될 수밖에 없다. 사회가 요구하는 경제적이고 기능적인 능력을 상실한 개인이 가족을 비롯한 모든 사회에서 추방되고야 만다는 비극은 결국 산업사회를 살아가는 모든 구성원에게 적용되는 거대한 담론으로 적용되고 있는 것이다.

4. 스토리텔링의 기초

요즘 우리의 일상에서 스토리텔링은 그리 낯선 단어가 아니다. 교육이나 강의의 차원을 넘어 마케팅이나 비즈니스의 현장에서도 스토리텔링은 널리 사용되고 있다. 그렇다면 스토리텔링의 정확한 의미는 무엇일까? 우선 단어의 조합에 관해 살펴볼 필요가 있다.

STORY + TELLING

우리말로 바꾸어 보자면 "이야기말하기" 정도로 번역이 가능하다. 조금만 번역을 부드럽게 해보자면 "이야기를 말하는 것"이 된다. 그렇다면 "이야기를 말하다"는 어떤 의미를 가지고 있을까? 앞서 살펴 본대로 이야기는 말을 함으로써 그 존재 가치가 생겨난다. 표출되지 못한 이야기는 이야기가 아니다. 그러므로 스토리텔링에서의 TELLING을 단순한 말하기 행위 정도로 이해해서는 곤란하다.

이야기에는 우선 사람이 있어야 하고 그 사람이 서 있는 배경이 있어야 한다. 또 그 배경 속에 살고 있는 사람이 어떠한 사건에 봉착하거나 또는 사건을 스스로 발생시켜야 한다. 그것들이 조합되어서 하나의 구조를 이루어야 하고 반드시 특정한 매체를 통해 전달되어야 한다. 그때 비로소 이야기는 실체를 가지게 된다. 이해를 돕기 위해 대표적인 이야기 장르의 하나인 소설을 예로 들어보자.

사람들은 자신이 매력을 느끼는 분야를 인간의 삶, 즉 인생에 빗대고는 한다. 어떤 축구 해설가는 축구를 인생이라고 하고, 야구에 열광하는 팬들은 야구를 인생의 축소판이라 말한다. 골프의 매력에 빠진 중년의 사업가는 골프의 각 홀(Hole)을 생의 굴곡진 고비라고 자평하기도 한다. 이처럼 인생이란 말하는 자에 따라 그 정의가 매우 다양하다. 하지만 우리는 '인생이란 무엇인가?'라는 이 질문에 대한 답변으로 던져진 축구, 야구, 골프 등이 과연 '인생의 모든 것을 대변할 수 있는가?'라는 새로운 의문을 던지지 않을 수 없다.

여기서 '인생이란 무엇인가?'라는 질문에 대한 이야기는 잠시 뒤로 미루고 새로운 질문하나를 다시 던져 보도록 하자. 그렇다면 과연,

'소설이란 무엇인가?'

인생의 정의에 관한 질문을 채 매듭짓지도 못한 상황에서 '소설'이란 새로운 질문의 주제를 내세우는 이유는 소설이 필수적으로 갖추어야 할 요건 속에 바로 '인생'이 들어있기 때문이다. 축구나 야구, 골프는 한 개인의 경험과 그것을 바탕으로 한 주관에 의해 인생에 빗대어 진다. 그러므로 개인에 따라서 그것은 인생이 될 수도 있고, 안 될 수도 있다. 하지만 소설은 어떠한가. 소설은 결코 인간의 삶을 제외하고는 탄생될 수 없다. 아무리 복잡하고 어려운 소설이라도 또한 아무리 참신하고 실험적인 소설이라도 결국 그것은 한 개인이 살아가는 이야기이다.

'한 개인이 살아가는 이야기'

다시, '인생이란 무엇인가?'라는 질문으로 돌아가 보자. 우리의 삶은 끊임없이 난관에 봉착한다. 인간은 자신이 소속된 사회 속에서 자의든 타의든 사건을 만들고 사건에 휘말린다. 여기서 사건이 곧 삶의 난관이다. 이 난관 앞에서 우리는 괴로워하고 좌절하고 돌파구를 찾기 위해 발버둥 친다. (어쩌면 우리가 축구나 야구를 인생이라고 말하는 이유는 이 삶의 난관에서 벗어나기 위한 발버둥을 그 속에서 발견하고 있기 때문인지도 모른다) 이러한 일련의 과정 속에서 우리는 계속해서 삶의 본질에 관해 스스로에게 질문을 던진다. 하지만 그 질문에 대해 우리가 스스로에게 내놓을 수 있는 답변의 질은 언제나 부족하다. 그렇다면 우리는 그 질문의 답을 어디서 구할 수 있는가.

'사건을 만들고 사건에 휘말린 한 개인이 살아가는 이야기'

앞서 소설이 갖추어야 할 필수적인 요건이 '인생'이라 밝힌 바 있다. 소설은 이

'인생' 중에서도 '사건을 만들고 사건에 휘말린 인생'을 더 선호한다. 아무런 사건이 발생하지 않은 인생에서는 '인생이란 무엇인가?'라는 질문에 대한 답변의 본질에 접근하기가 쉽지 않기 때문이다. 본질에 접근하지 못한 대답은 대답으로의 가치가 없다. 또한 사건이 없으면 재미가 없고, 재미가 없으면 읽는 이의 감동도 없다. 그래서 소설가는 허구의 이야기를 만든다. 다시 말하자면, 소설가는 가치 있는 허구의 이야기를 만드는 것이다.

> '사건을 만들고 사건에 휘말린 한 개인이 살아가는 허구이지만 가치 있는 이야기'

소설은 타인의 삶이 그려진 공간이다. 우리는 타인의 삶을 엿보면서 재미를 느끼고 그 속에서 공감한다. 그리고 타인의 삶을 통해 과연 '인생이란 무엇인가'라는 질문의 본질로 나아가게 된다.

이야기 역시 마찬가지다. 차이가 있다면 이야기는 허구와 사실을 모두 전달하지만 소설은 허구 속에서만 존재한다. 그러므로 이를 바탕으로 이야기를 정의하면,

> '사건을 만들고 사건에 휘말린 한 개인이 살아가는 모습을 담은 가치 있는 이야기'

그런데 우리는 매우 선별적으로 이야기의 범주에 포함된 장르들을 수용한다. 다시 말해 우리는 가치가 있다고 해서 세상 모든 이야기를 들으려 하지 않으며 세상 모든 영화나 소설을 보지도 않는다. 물론 시간이나 공간 또는 상황의 여건이 허락하지 않아 선택을 할 수 없는 경우도 있지만 그보다는 특정한 이야기를 선별하려고 하며 그 선별의 분명한 기준이 있다. 우리는 그 기준을 어디에서 마련하게 될까?

흔히 사람들은 자신이 별로 관심을 기울이지 않는 이야기를 향해 '나쁜 이야기'라고 말한다. 하지만 이 표현은 잘못된 것이다. 우리가 어떤 기준에 따라 그 이야기에 별 관심을 두지 않을 뿐이지 그것을 '나쁘다'라고 말한 근거는 매우 부족하다. 이런 의미에서 '나쁜 이야기'라는 표현은 '관심 없는 이야기'라고 수정되어야 하며 그 무관심은 재미가 없기 때문이라는 결론에 도달하게 된다.

재미는 이야기의 질을 결정하고 존재 유무를 판가름할 매우 중요한 잣대이다. 재미없는 영화가 며칠 지나지 않아 극장에서 사라져 버리는 것처럼 이야기 역시 재미없이는 존재할 수 없다. 오래 남는 이야기는 결국 재미있는 이야기다. 우리는 주변의 누군가로부터 들은 재미있는 이야기를 오래 기억하고 또 그것을 타인에게 전파한다. 이야기는 그런 식으로 확장되면서 자신의 가치를 오랫동안 보존하게 된다. 이것이 바로 이야기가 살아남는 방식이다. 그렇다면 스토리텔링에서 TELLING의 의미는 명확해진다. 바로 이야기의 전달력을 의미한다. 부연하자면 이야기의 내용과 상황에 부합하는 조건을 제대로 갖춘 전달의 기술이 바로 스토리텔링인 것이다.

이야기는 같은 내용을 담고 있다고 하더라도 그 전달의 방법에 따라 수용의 질이 크게 달라진다. 같은 이야기도 글로 읽었을 때가 다르고 영상으로 통했을 때가 다르며 그림으로 볼 때가 다 다르다. 우리 주변의 예를 봐도 할머니가 들려주는 옛날이야기와 친구가 들려주는 옛날이야기는 듣는 이의 입장에 서 큰 차이를 가진다. 왜 그런 현상이 발생할까? 이 질문에 답하기 전에 우선 우리는 이야기의 어떤 부분에서 감동을 받게 되는 것일까를 생각해 보아야 한다.

아주 잘 만들어진 영화 한편을 보고 극장을 나서며 우리는 보통 이렇게 말한다. "아! 재미있다." 영화의 장르가 코믹이든 액션이든 호러든 멜로든 상관없이 우리는 잘 만들어진 영화에 재미라는 수식을 붙인다. 이러한 우리의 반응을 다시 설명하자면 재미의 기준은, '코믹이 가장 코믹다울 때', '액션이 가장 액션다울 때'와 같이 그 장르가 가진 일정한 특성을 모두 충족시킬 때 만들어지는 것이다. 그런데 이런 관점에서 보자면 하나의 콘텐츠(영화)에서 주제의 역할은 매우 제한적이다. 수많은 영화들의 기본적인 이야기성은 거의 흡사하다. 현대사회에 이르러 디지털과 매체가 동시에 급속도로 발전하면서 우리는 대부분의 이야기를 이미 알고 있다. 앞서도 언급한 적 있지만 완전히 새로운 이야기는 존재하지 않는다. 이미 어딘가에서 한번쯤은 다루어졌음직한 이야기가 다른 제목으로 재생산되고 있다는 것을 우리는 잘 알고 있다. 그럼에도 불구하고 우리는 어떻게 이야기에 열광하고 감동하는 것일까?

그것은 바로 스토리텔링의 변용과 발전 때문이다. 할머니의 스토리텔링이 다르고 친구의 스토리텔링이 다르다. 할머니는 옛이야기에 어울리는 스토리텔링을 구사하고 친구는 우리 일상에 걸맞은 스토리텔링을 구사한다. 바로 그 점에서 같은 이야기도 수용의 차이가 생겨난다. 그 차이를 우리는 '장르다움'의 기준으로 삼는다.

우리의 삶은 스토리텔링을 통해 많은 것을 얻을 수 있다. 앞서 언급한 유희의 기능뿐만 아니라 관습이나 전통, 교육 역시 스토리텔링을 이용할 때 효율적이며 효과적으로 습득할 수 있다. 인간은 감동을 느낄 때 대상과의 일체감을 갖게 되고 오래 기억하는 힘을 얻게 된다. 일체감을 통할 때 인간은 자신을 포함한 현실의 가치를 수렴하고 자신을 되돌아보는 계기를 마련하게 된다. 그러므로 스토리텔링은 수많은 정보들을 좀 더 용이하게 수용할 수 있게 할 뿐만 아니라 현실의 문제와 삶의 보편성을 깨닫게 하는 힘을 가지고 있는 것이다. 한편 스토리텔링은 이야기의 전달력을 향상시키기 위해 다양한 매체를 개발하게 만드는 원동력이 된다. 그를 통해 인간은 현실을 바라보는 다양한 시각을 확보할 수 있으며 나아가 인류의 문화를 발전시키는 근원이 된다.

인류의 역사에서 스토리텔링의 기술을 아는 자는 지도자의 위치에 도달할 수 있었다. 고대의 건국신화를 살펴보면 대부분의 나라는 물리적인 힘으로 만들어진 것이 아니라 스토리텔링의 기술로 만들어졌다는 점을 알 수 있다. 신화의 주인공 그러니까 한 국가의 지도자가 된 인물들은 모두 신성한 힘을 타고 났으며 그 신성함은 이야기를 통해 전해졌다. 또한 그 이야기는 인간의 힘이 침범할 수 없는 권위를 가졌으며 그 권위 아래 수많은 사람들이 모여 하나의 사회를 이루게 되었다. 곰이 변해 사람이 되었다는 우리 건국신화의 예처럼 비록 그 이야기가 비합리적인 요소들을 가지고 있다고 하더라도 우리는 그것을 거짓으로 치부하지 않는다. 그것이 바로 스토리텔링의 또 다른 힘이다.

story = 사건을 만들고 사건에 휘말린 한 개인이 살아가는 모습을 담은 가치 있는 이야기

\+

telling = 이야기의 전달력을 높이기 위해 동원하는 모든 기술

능력 높이기 4

이야기의 범주 속에 포함된 장르들 즉, 소설, 영화, 연극, 광고, 애니메이션 등 이야기를 담은 모든 장르는 각자에 어울리는 전달방법이 있다. 또한 그 장르가 담은 내용에 어울리는 전달방법도 존재할 것이다. 장르적 부합성과 내용적 부합성이 최상의 상태로 조합되어 수용자에게 전달되도록 하는 것이 바로 스토리텔링의 궁극적인 목적이다.
30초의 예술이라고 불리는 광고는 대단히 응집된 이야기성을 가지고 있으며 최상의 전달력을 추구한다. 수많은 광고 중 자신의 기억에 오래도록 남아 있는 광고들이 담고 있는 이야기를 메모해보고 각각의 특징과 유사성을 정리해 보자.

05
Chapter

글쓰기의 규칙

학습목표

1. 맞춤법의 기본 원리를 이해하고 일상 속에서 활용할 수 있다.
2. 정확한 문장 쓰기를 통해 자신의 사고를 표현할 수 있다.

1. 맞춤법이란 무엇인가?

대한민국 헌법 제1조 제1항

대한민국은 민주공화국이다.

일반적으로 어떤 규칙을 설명할 때 맨 첫 번째로 나오는 항목이 가장 중요하다. 나라의 기틀을 잡는 헌법도 가장 중요한 것은 제1조 제1항이다.

마찬가지로 '한글 맞춤법 규범'도 제일 앞에 자리를 차지하고 있는 것이 가장 중요하다. 이 항목이 없으면 다음 항목도 없다.

한글 맞춤법 규정 제1항

한글 맞춤법은 표준어를 소리대로 적되 어법에 맞도록 함을 원칙으로 한다.

한글 맞춤법 규정 제1항을 분석적으로 읽어보면 다음과 같다.

① 표준어(를 소리대로 적되): 누구나 쉽게 이해할 수 있는 두루 쓰이는 말을 들리는 대로 쓴다.

	~이		꼬치
	~도		꼳또
+	~만	=	꼰만
	~을		꼬츨
	~은		꼬츤

①만 적용하면 위와 같은 현상이 발생한다. ①의 규정에 따라 소리대로 적어보면 표준어 '꽃'과 '이, 도, 만, 을, 은'의 조사는 모두 형태가 달라진다. 말하자면 사진 속 저 식물을 우리는 '꽃', '꼬', '꼳', '꼰' 등으로 쓰는 경우가 발생하게 된다. 하지만 이 경우 쓰기는 쉽지만 읽을 때는 그 뜻을 이해하기가 어려워진다. 문자는 혼자만 알아서는 그 쓰임을 다하지 못한다. 문자로 써 놓은 말은 누구든지 이해할 수 있어야 한다.

그래서

② (누구나 알 수 있도록) 어법에 맞게 써야 한다. 발음이 어떤 식으로 변하든 간에 이런 식물의 형태는 반드시 '꽃'으로 표기한다고 정한다.

이것이 국어의 가장 기본이 되는 문법이다.

③ (여기에 추가하여) '원칙으로 한다'라는 단서를 붙인 것은 가끔 가다 어법을 벗어나는 예외의 규정도 있다는 점을 알려둔 것이다. 아래 사진 속 물건을 발음해보라. 뭔가 이상한 점을 발견할 수 있을 것이다.

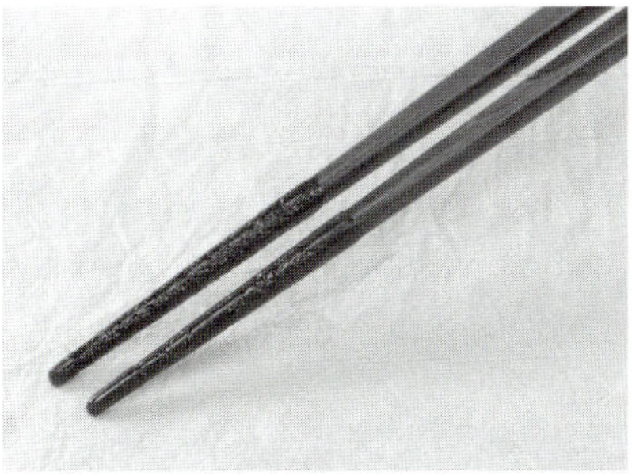

箸(저)+가락=저가락 ?

누구도 저 물건을 '저가락'이라고 쓰지 않는다. 젓가락이라고 쓴다. 그런데 이상한 점이 있다. 바로 'ㅅ'이다. 천천히 발음해보면 '저까락'이라고 소리가 나는데 그 어디에도 'ㅅ'에 해당하는 소리가 없다. 가끔 한국어를 처음 배우는 외국인들 중에는 젓가락을 '저스가락'이라고 읽는 사람들도 있다.

자, 바로 이런 경우가 예외다. 그래서 '원칙으로 한다'라는 단서를 붙여 놓은 것이다. 뒤에 다시 설명하겠지만, 어떤 단어에 소리가 없는 'ㅅ'을 붙여 놓은 것을 '사이시옷'이라고 한다. 깻잎, 깻묵, 전셋집 등이 여기에 해당한다.

맞춤법의 원리

꽃이라는 발음에서 받침 'ㅊ'은 발음 되지 않는다. 차라리 'ㅅ'받침에 가까운 소리가 난다. 그럼에도 불구하고 왜 우리 맞춤법에서는 'ㅊ'을 쓰는 것일까? 그 이유는 바로 뒤에 자주 붙는 모음조사 때문이다. 예를 들어 〈꽃+~이〉를 소리 나는 대로 적으면 '꼬치'가 된다. 마찬가지로 〈꽃+~을〉도 '꼬츨'이 된다. 즉 우리가 의식하지 못하지만 '꽃'이란 단어에는 'ㅊ'이 소리로서 사용되고 있는 것이다. 이를 반영해서 표기법으로 지정한 것이 바로 맞춤법이다.

외래어 표기도 마찬가지다. '초콜릿' 한 단어만 발음해서는 '릿'에 붙어 있는 'ㅅ'의

소리를 파악해내기 힘들다. 하지만 이 경우는 어떠한가? '초콜릿을 먹었다'라고 말했을 때 소리는 '초콜리슬~'로 들린다는 것을 알 수 있다.

맞춤법은 아주 많은 사람들의 발음에 따라 그것을 쓰기 규정으로 정한 것이라 정의할 수 있다. 그래서 가끔은 내 발음과 다른 경우도 있는 것이다.

2. 품사만 알고 가자

품사(品詞)란?

품사 【명사】
단어를 문법상 의미 · 형태 · 기능으로 분류한 갈래. 학교 문법에서는 명사 · 대명사 · 동사 · 형용사 · 조사 · 감탄사 · 관형사 · 부사 · 수사의 9품사임.

사람들은 말이나 글을 씀에 있어 그 쓰임에 어울리는 단어를 사용한다. 말하자면 머릿속에 저장된 단어를 상황에 맞게 끄집어내어 사용하는 것이다. 그렇다면 그 상황에 맞게 단어를 조합해 볼 수도 있을 것인데 그 조합의 결과가 바로 품사다.

'나(I)'라는 단어를 예로 들어보자. 이 단어는 문장 속에서 주로 주어(나는 간다)나 목적어(너는 나를 데리고 가라)의 역할을 할 것이다. 문장 속에서 주어나 목적어의 역할을 담당하는 단어를 체언(體言)이라고 부르는데 이 용어는 중요하기 때문에 잘 기억해 두기 바란다. 말하자면 한 문장 속에서 몸(體)이 되는 중요한 단어이다. 이 체언 속에는 명사(이름), 수사(숫자), 대명사(명사를 대신하는 단어)가 있다.

그렇다면 '가다'라는 단어는 어떠한가? 이 단어는 동작을 나타내는 동사이다. 동사는 문장에서 서술어의 역할을 한다. 앞서 예로든 '나는 간다'에서 '나'는 이 문장의 몸(체언)이 되고 가다(간다)는 몸의 동작을 서술해주고 있는 것이다. 그래서 이를 기능에 따라 분류하면 용언(用言)이 된다. 우리말의 용언에는 동사와 형용사가 있다. 우선은 이 체언과 용언이 가장 중요하다. 이 둘이 있어야 기본적인 문장이 성립된다.

그런데 이 두 가지만으로는 완전한 문장이 성립되기 힘들다. 당장 '나는 간다'라는 이 단순한 문장 속에도 다른 품사가 하나 끼어들어 있다. 바로 '~는'이다. '~는'은 조사(助詞)다. 조사는 관계언이라고도 하는데 단어와 단어 사이의 구멍을 메우는 역할을 한다. 특히 조사는 맞춤법의 중요한 기능 중 하나인 띄어쓰기의 기본이 되는 중요한 품사이기도 하다. 이 역시 뒤에 다시 설명하겠지만 우리말 띄어쓰기의 기본은 '조사는 앞 단어에 붙이고 뒤의 단어와 띄운다' 이다.

이밖에도 체언을 수식하는데 사용되는 수식언(관형사, 부사), 독립적으로 사용되는 독립언(감탄사) 등이 있다.

국어의 9품사

국어의 9품사

- **－체언(명사, 대명사, 수사)**
- **－용언(동사, 형용사)**
- **－관계언(조사)**
- **－수식언(관형사, 부사)**
- **－독립언(감탄사)**

'보–'(다, ㅁ, 기, 자, 니?, 더라, 고, 니까…)

위에서 보다시피 '보–'라는 단어가 제대로 된 의미를 전달하기 위해서는 '보' 뒤에 수많은 '어미(語尾)'가 따라 붙어야 한다. 어미는 말 그대로 단어의 꼬리이다. 그래서 우리말의 동사, 형용사, 서술격조사(이다)는 항상 어미 '–다'를 붙여서 그것을 기본형이라고 말한다. 국어의 문법을 잘 이해하기 위해서는 이 어미들을 잘 이해해야 한다.

자, 여기서 한 가지 중요한 사실!

우리는 '보–'라는 품사의 기능을 서술어로만 생각한다. 기본형이 '보다'이므로 그건 당연한 것일 수도 있다. 그렇다면 '보–'가 문장의 주어 역할을 할 수 있을까? 앞서 주어는 명사, 대명사, 수사가 담당한다고 말했는데 '보다'는 동사이므로 말도 안 되는 소리라고 생각할 수도 있다.

<u>보기</u>가 싫다.

이런 경우는 어떤가? 여기서 '보기'는 '보다'와는 전혀 다른 쓰임을 가지고 있다. 주의할 점은 의미가 다른 것이 아니고 쓰임이 다른 것이다. 여기서 '보기'는 행위 그 자체에 주목하고 있다. 기본형 '보다'와 같이 서술의 의미를 가지고 있지 않다. '-기'가 붙어서 명사형으로 바뀌었고 명사형이므로 주어의 구실을 할 수 있는 것이다. (물론 여기서 '보기'가 진짜 명사는 아니다. 명사의 쓰임을 가지고 있는 것 뿐이다.) 참고로 이 문장에서 서술은 '싫다'가 담당하고 있다. 이런 쓰임을 우리는 문법적으로 '활용'이라고 한다.

말하자면 **활용**이란 어간(보다에서 '보')에 어미(보다에서 '다')가 붙어 변화하는 것이다. 덧붙이자면 어간은 단어의 실제 의미가 있는 부분이고 어미는 문장 속의 기능을 부여하는 부분이다.

3. 띄어쓰기/띄어 쓰다

한글맞춤법에서 가장 어려운 부분은 역시 띄어쓰기다. 당장 이 장이 제목에서도 드러나지만 띄어쓰기에는 여러 가지 변수들이 등장하기 때문이다. 생활국어의 차원에서 띄어 써야 할지 붙여 써야 할지 가장 쉽게 알 수 있는 방법은 사전을 찾는 것이다. '띄어쓰기'를 사전에 찾아보면

띄어쓰기 【명사】【~하다|타동사】
〔언어학〕 글을 쓸 때 어절마다 사이를 띄어서 쓰는 일.
------• 이 원고는 ~에서 틀린 곳이 많다.

이런 식으로 한 단어로 등재되어 있다. 하지만 거의 비슷한 의미인 '띄어 쓰다'는 사전에 등재되어 있지 않다. '띄어 쓰다'는 두 단어가 모여 만든 '구(句)'이기 때문이다. 말하자면 각 단어의 기본형인 '띄다'와 '쓰다'로 사전에서 찾아야 한다.

자, 앞서 띄어쓰기의 사전적 의미를 잘 읽어보자. **어절**(語節)이라는 단어가 나오는데 바로 이 어절이 띄어쓰기의 단위이다. 우리말의 띄어쓰기 단위를 단어로 생각하는 경우가 많은데 절대 그렇지가 않다. 단어별로 띄는 것이 아니라 어절을 기준으로 띈다.

나는비가오는줄몰랐다.

이 문장을 단어별로 띄어 보면

'나, 는, 비, 가, 오는(기본형 오다- 앞서 배웠던 활용이 바로 이렇게 쓰이고 있다)**, 줄, 몰랐다' 이다.**

'나'나 '비' 뿐만 아니라 '는'이나 '가', '줄'도 한 단어이다. 의심스럽다면 사전을 찾아보면 된다. 사전에 나오면 일단 그것은 한 단어이다.

는【조사】
받침 없는 말에 붙어, 사물을 구별하거나 지정하여 가리키는 뜻을 나타내는 보조사. 주격 · 보격 · 목적격 · 부사격 등으로 씀.
--------• 나~ 너를 사랑한다.
--------• 그 책을 읽어~ 보았소.
--------• 잘은 못해도 빨리~ 하오.

나 는 비 가 오는 줄 몰랐다.

라고 쓰면 당연히 어색하다.

여기서 띄어쓰기의 제1규칙이 드러난다.

제1규칙: 조사는 앞말에 붙이고 뒷말과 띈다.

제1규칙을 설명하기 전에 조사에 대해 알아보도록 하자.

조사 (助詞)【명사】
〔언어학〕체언이나 부사, 어미 따위의 뒤에 붙어, 그 말과 다른 말과의 문법적 관계를 나타내거나 그 말의 뜻을 도와주는 품사. 격 조사 · 보조사(補助詞) · 접속(接續) 조사로 크게 나눔. 토씨. 관계사.

말하자면 우리가 흔히 사용하는 '은, 는, 이, 가, 을, 를, 에게, 에서' 등이 바로 조사이다.

그럼 앞에서 단어별로 띄워놓은 문장에 등장하는 조사를 앞말에 붙여보도록 하자.

나는 비가 오는 줄 몰랐다.

정확한 문장이 완성되었다.

그런데 여기서 한 가지 의문점이 생긴다. 바로 '줄'이다. 위의 문장을 아주 조금만 바꿔보도록 하자.

나는 비가 오는 줄**을** 몰랐다.

조사 '을'을 가져와서 '줄'에 붙였는데 전혀 이상한 느낌이 없다. 이는 정확한 문장이다. 과연 '줄'은 어떤 의미와 쓰임을 가진 단어일까?
다시 사전을 찾아보자.

줄【의존명사】
용언 뒤에 붙어 어떤 방법 · 속셈 · 사실 등을 나타내는 말《어미 'ㄴ'이나 'ㄹ' 뒤에서만 씀》.
-------• 간 ~ 알았다
-------• 이렇게 빨리 떠날 ~은 몰랐다.

사전에 적힌 내용을 천천히 분석해 보도록 하자. 우리가 이 장에서 배운 내용으로도 충분히 그 의미를 파악할 수 있다.

우선, 용언은 무엇인가? 배운 바와 같이 동사, 형용사이다. (즉 서술의 기능을 하는 단어 뒤에 붙어서) 어떤('어떤'은 의존명사를 공부하는데 매우 중요한 구실을 한다) 방법이나 속셈, 사실 등을 나타내는 말인데, '줄'은 반드시 어미 'ㄴ'이나 'ㄹ' 뒤에만 쓰인다. 그렇다면 '어미'가 무엇인지 다시 기억해 보기 바란다. 우리가 예로든 '나는 비가 오는 줄을 몰랐다'에서 '줄' 앞에 있는 단어는 '오는'이다. 이 '오는'은 기본형 '오다'의 활용으로서 '오는'의 어미는 '는'이 된다.

의존명사는 혼자서는 아무런 쓰임이 없는 명사이다. 말하자면 '오는 줄'에서 '줄'은 '사실'로 바꿔 쓸 수 있다. 그러므로 줄은 '사실'이라는 뜻을 지닌 명사이다. 하지만 '줄' 혼자서는 아무런 뜻도 가지지 못한다. 반드시 앞에 수식어가 있어야 하는 명사이다. 그래서 '의존'명사이다. 우리가 일상 속에서 엄청나게 많이 사용하는 '것' 역시 의존명사인데 '것' 그 자체로는 아무런 의미가 없다.

그런데 이 의존명사가 띄어쓰기를 헷갈리게 하는 일등공신이다. 왜냐하면 가끔가다가 앞말에 붙여야 하는 조사와 형태가 같은 경우가 발생하기 때문이다. 사실 우리말에서 단어, 조사, 의존명사의 파악만 끝나면 띄어쓰기는 거의 틀릴 일이 없다. 아래 문장을 주목해 보자.

너는 너대로 나는 나대로 살자.
너만큼 먹는 사람도 처음이다.

주는 만큼 받는다.
원고를 완성하는 대로 보내라.

같은 '대로', '만큼'인데도 불구하고 위의 문장들은 붙여 놓았고 아래 문장은 띄어 놓았다. 왜 그럴까?

바로 위의 문장에 쓰인 '대로, 만큼'은 조사이고 아래 문장에 쓰인 것들은 '의존명사'이기 때문이다.

자, 다시 '줄'의 사전적 의미를 참고해 보도록 하자. 맨 먼저 나오는 단어가 무엇인가? 바로 용언이다. 용언은 서술의 기능을 하므로 동사, 형용사로 구성되어 있다고 했다. 그럼 조사의 사전적 의미에서 맨 처음 나오는 단어들은 무엇인가? 체언이다. 체언은 명사, 대명사, 수사로 이루어진다. 그렇다면 위의 문장에서 대로, 만큼은 용언에 붙어 있는가, 체언에 붙어 있는가? 또 아래 문장들은 어떠한가? 바로 이 차이에서 의존명사와 조사의 구분이 생겨난다.

네【인칭대명사】
친구나 손아랫사람에게 쓰는 이인칭 대명사《조사 '가'가 뒤에 붙으면 '네'가 됨》.
-------• ~는 가거라
-------• ~를 데리고 갈까
-------• ~까지 나를 괴롭히니
-------• 네가 참으렴.

주다【타동사】
① 물건 따위를 남에게 건네어 그의 것이 되게 하다.
-------• 선물을 ~.
② 받게 하다. 입게 하다.
-------• 이익(利益)을 ~
-------• 충격을 ~.

하다【타동사】
① 의식적 또는 무의식적으로 무슨 목적을 위하여 움직이다.
-------• 산책을 ~
-------• 독서를 ~.
② 음식물 따위를 먹거나 마시거나 담배 따위를 피우다.
-------• 한 잔 ~
-------• 점심은 냉면으로 한다.

확인했다시피 체언 뒤에 붙어 있으면 조사, 용언 뒤에 붙어 있으면 의존명사이다. 여기에 덧붙여 이 둘을 확인할 수 있는 힌트를 하나 더 소개하자면 바로 어미 'ㄴ'과 'ㄹ'이다. 모두가 그런 것은 아니지만 대부분의 경우 의존명사는 용언의 활용으로 붙게 된 'ㄴ'과 'ㄹ' 뒤에 위치하는 경우가 많다.

~주는 만큼: 동사 '주다'의 활용
~하는 대로: 동사 '하다'의 활용

의존명사는 앞말의 받침 'ㄴ' 혹은 'ㄹ' 뒤에 위치하는 경우가 많다고 생각하면 조사와 의존명사의 구분이 훨씬 수월해 질 것이다.

한번/한 번

'번'이 차례나 일의 횟수를 나타내는 의존명사로 쓰이는 경우는 띄어 쓴다.
한 번, 두 번, 세 번…

반면에 명사나 부사로서의 '한번'은 붙여 써야 한다.
한번 먹어봐라. (여기서의 한번은 횟수로서의 의미를 가지는 것이 아니라 '어떤 일을 시험 삼아 시도한다'라는 의미의 명사)
너 말 한번 잘했다. ('어떤 행동이나 상태를 강조하다'는 뜻의 부사)

십만 원/만 원

돈의 단위명사인 '원'은 띄어 쓰는 것이 원칙이다.
십 원, 오백 원, 팔천 원, 구만 원, 이십일만 원…

단, 숫자와 원은 붙여 쓴다.

10원, 500원, 8.000원, 90.000원, 210.000원…

틀리기 쉬운 '~하다'

듯하다, 만하다, 법하다, 체(척)하다 등은 무조건 붙여 쓴다.

붙여 쓰는 '~없다'

거침없다, 경황없다, 관계없다, 그지없다, 기탄없다, 까딱없다, 꼼짝없다, 꾸밈없다, 끊임없다, 끝없다, 난데없다, 다름없다, 더없다, 덧없다, 두말없다, 두서없다, 뜬금없다, 막힘없다, 맛없다, 문제없다, 버릇없다, 변함없다, 보잘것없다, 볼품없다, 부질없다, 빈틈없다, 사정없다, 상관없다, 서슴없다, 소용없다, 수없다, 숨김없다, 쓸데없다, 쓸모없다, 아낌없다, 어김없다, 어림없다, *염치없다, 영락없다, 재미없다, 정신없다, 주책없다, 철없다, 터무니없다, 틀림없다, 하염없다, 형편없다

*'염치없다'와 비슷한 의미를 가지고 있는 '눈치 없다'의 경우는 한 단어가 아니기 때문에 띄어 써야 한다.

조사여서 앞말과 붙여 쓰는 말 (밑줄 조사)

수밖에, 꽃에서부터, 꽃이나마, 꽃입니다. 어디까지나, 집에서처럼, 학교에서만이라도, 공부하면서부터입니다. 어디까지입니까, 나가면서까지도, 들어가기는커녕, 맞습니다그려, "그렇구나."라고,

특히 '~수밖에'의 경우 '~수 밖에'로 쓰는 경우가 많은데, 어떤 경우에도 '~수밖에'는 붙여 쓴다.

4. 사이시옷

앞서 언급한 적 있는 '젓가락', '깻잎', '깻묵' 등을 다시 상기해 보자.

이 단어들의 특징은

① 두 단어가 합해져서 하나의 단어가 된 것이며
② 그 두 단어 중 하나 또는 모두가 순우리말이며
③ 원래는 없었던 된소리가 나거나 'ㄴ'소리가 덧나고 있다.

이 세 가지 경우에 모두 해당하면 한글맞춤법에서는 사이시옷 규정을 적용한다.

저(箸, 한자어)+가락(순우리말)=저까락(된소리)
깨(순우리말)+잎(순우리말)=깬잎(ㄴ받침)

이런 경우 소리 나는 대로 표기할 경우 순 우리말인 '가락'이나 '깨'가 제 형태를 가지지 못하게 된다. 그래서 'ㅅ'을 일종의 기호로 사용하고 발음은 된소리나 'ㄴ'받침을 사용하는 규정을 만들게 된 것이다.

이런 사이시옷 규정을 사용하게 되면 일상에서는 전혀 쓰임이 없는 글자도 만들어지게 되는데 바로 '굣' 같은 것이 여기에 해당한다.

등교(登校, 한자어)+길(순우리말)=등교낄(된소리)
원래 없던 된소리가 생기기 때문에 사이시옷 규칙을 적용하면
'등굣길'로 표기해야 옳다.

가끔 사이시옷 규정으로 인해 거의 같은 의미인데도 불구하고 표기를 달리해야 하는 경우가 발생하기도 하는데 전세방과 전셋집이 여기에 해당한다.

전세(傳貰, 한자어)+집(순우리말)=전세찝(된소리)

원래 없던 된소리가 생기기 때문에 사이시옷 규칙을 적용하여 전셋집으로 표기한다.

하지만

전세(傳貰, 한자어)+방(房, 한자어)=전세빵(된소리)

원래 없던 된소리가 생기기는 하지만 두 단어 모두 한자어이므로 사이시옷 규칙이 적용되지 않기 때문에 전세방으로 표기한다.

그래서 전셋집, 전세방으로 표기해야 옳다.

능력 높이기 4

1. 다음의 단어들은 비슷한 발음으로 인해 잘못 쓰기 쉬운 것들이다. 단어들의 의미를 조사하고 차이를 정리해 보자.

1) 낫다, 낳다

2) 넘어(기본형 넘다), 너머

3) 어떻게, 어떡해

4) 붙이다, 부치다

5) 그러므로, 그럼으로

6) 반드시, 반듯이

7) 지긋이, 지그시

8) 바치다, 받히다, 밭치다

9) 맞추다, 맞히다

10) 비치다, 비추다

11) ~로서, ~로써

12) 채, 체

13) ~든지, ~던지

14) 바라다, 바래다

15) 안치다, 앉히다

16) 늘이다, 늘리다

17) 야위다, 여위다, 여의다

18) 띄다, 띠다, 띄우다, 띠우다

2. 다음의 단어들은 모양이 비슷해서 잘못 쓰기 쉬운 것들이다. 단어들의 의미를 조사하고 잘못 쓰인 것들을 알아보자.

1) 왠지, 웬지

2) 되다, 돼다

3) 며칠, 몇일

4) 알맞은, 알맞는

5) 예스럽다, 옛스럽다

6) 해님, 햇님

7) 아무튼, 아뭏튼

8) 어떻든, 어떠튼

9) 퉁퉁 불은 국수, 퉁퉁 분 국수

10) 하늘은 나는 비행기, 하늘은 날으는 비행기

11) 재떨이, 재털이

12) 모둠회, 모듬회

13) 담그다, 담구다

14) 잠그다, 잠구다

15) 마라, 말라, 말아

3. 다음의 문장을 정확하게 띄어 써 보시오.

1) 믿을것은오직나의능력뿐이다.

2) 그녀는그냥눈물을흘릴뿐아무말도하지않았다.

3) 우리과는나만잘하면돼요.

4) 국어는공부할만한과목입니다.

5) 내가점심을먹는데그가웃기시작했다.

6) 내가먹는데에그가후춧가루를 뿌렸다.

7) 그는의지할데가없는사람이다.

8) 나랑같이가자.

9) 교수님께서하는것과같이해보자.

10) 손이얼음장같이차다.

11) 믿었던사람에게감쪽같이속았다.

12) 콩심은데팥이날리전혀없다.

13) 아는것도모르는체할수밖에없다.

14) 올데도갈데도없는사람인듯하다.

15) 속은타는데겉으로는태연한체한다.

16) 오늘내내날씨가좋아야할텐데.

17) 올적에빗은머리엉킨지3년이다.

18) 철없이울고눈치없이웃기도했다.

19) 그녀의웃음에넘어가지않는사내가없다.

20) 본대로느낀대로말하여라.

PART 2

말하기

01
Chapter

프레젠테이션의 기술

학습목표

1. 프레젠테이션의 목적과 과정을 이해하여 자신의 의견을 효율적으로 표현한다.
2. 멀티미디어를 활용한 프레젠테이션 자료의 제작 방법을 연습한다.

1. 프레젠테이션의 이해

1) 프레젠테이션의 개념

프레젠테이션(presentation)은 발표라는 의미로, 대개 시청각 자료를 이용하여 자신의 의견이나 정보 등을 전달하는 발표 행위를 의미한다.

2) 프레젠테이션의 중요성

과거에는 프레젠테이션이라고 하면 회사에서 자신의 기획을 경쟁적으로 발표하는 모습을 떠올렸다. 그렇지만 오늘날 표현과 소통이 중요한 능력으로 부각되며 학교에서도 프레젠테이션 수업이 확대되고 있다. 학생들에게 프레젠테이션의 기회가 자주 주어지지만, 학생들은 프레젠테이션에 큰 부담을 갖는다. 철저히 준비하고 연습하는 과정을 통해 프레젠테이션 능력을 키워나갈 수 있다.

3) 프레젠테이션 자료

(1) 프레젠테이션 기본 자료

오늘날 가장 많이 이용되는 자료는 PPT(Power Point)이며 최근에는 프레지(Prezi)를 이용하기도 한다.

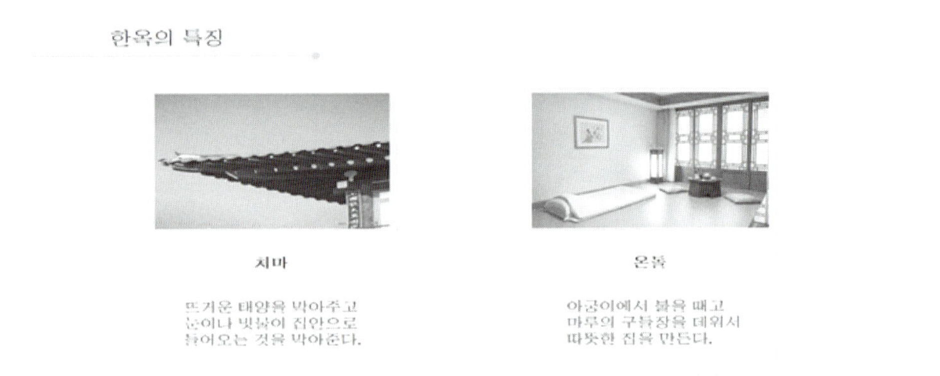

ppt

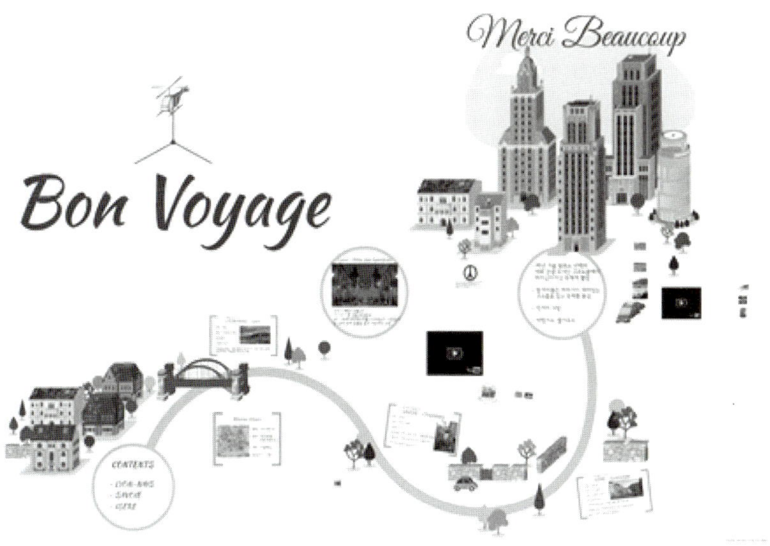

프레지

(2) 시청각 자료

사진, 표본, 모형, 영화, tv프로그램, 동영상 등

(3) 청중용 유인물

인쇄 자료

(4) 기타 도구

레이저 포인터, 노트북, 빔 프로젝터, 마이크와 스피커 등

4) 프레젠테이션 절차

① 주제 선정

② 정보 수집 및 정리

③ PPT 제작

④ 발표 대본 작성 및 연습

⑤ 발표

⑥ 질의응답

⑦ 마무리 및 인사

2. 프레젠테이션의 준비

1) 주제 선정

프레젠테이션은 기본적으로 글쓰기와 다르지 않다. 글쓰기가 문자 언어를 바탕으로 하는 표현 행위라면 프레젠테이션은 음성 언어를 바탕으로 하는 표현 행위이다. 글쓰기의 첫 단계에서 주제를 설정하듯이 프레젠테이션을 하기 위한 첫 단계도 주제 설정이 된다.

프레젠테이션 주제를 정하기에 앞서 생각해볼 문제가 몇 가지 있다.

〈사전 분석〉

- 누구에게 하는가?
- 왜 하는가?
- 어디에서 하는가?

'누구에게 하는가'에서 누구는 청중을 가리킨다. 청중의 특성을 파악하고 그들이 무엇을 알고 싶어 하는지를 고려하면 프레젠테이션의 주제와 내용, 수준을 결정하는 데 도움이 된다. 청중은 프레젠테이션의 사전 분석에서 매우 중요한 요소이지만, 프레젠테이션을 왜 하는지 그 목적을 잊어서는 안 된다. 프레젠테이션의 목적이 없으면 방향을 잃게 되기 때문이다. 따라서 설득이든 설명이든 내가 전달하고 싶은 내용과 청중이 알고(듣고) 싶어 하는 내용의 간극을 최대한 메우려는 노력이 필요하다. 마지막으로 내가 프레젠테이션을 하는 장소나 환경 역시 중요하다. 장소와 환경을 알면 프레젠테이션을 할 때 자료의 수준은 물론이거니와 말하기의 속도나 어조 등을 선택할 수도 있고, 결정적으로 프레젠테이션 자료를 준비하는 데 도움이 된다. 가령 시청각 자료를 활용할 수 있는 장소라면 PPT나 동영상을 준비할 수 있지만 그렇지 않다면 유인물로만 프레젠테이션을 진행해야 하기 때문이다. 따라서 '누구에게, 왜, 어디에서'를 사전에 분석함으로써 프레젠테이션의 방식과 방향, 주제를 정할 수 있다.

＊주제 선정 과정

- 주제를 본격적으로 정하려면 프레젠테이션의 목적을 분명히 해야 한다.

설득인가? 설명인가? 제안인가?

- 내가 감당할 수 있는 동시에 청중이 관심을 가질 만한 주제를 찾는다. 주제는 가급적 광범위한 주제보다 구체적인 주제를 선정하는 것이 좋다. 광범위한 내용은 겉핥기식으로 다룰 수밖에 없을 뿐 아니라 프레젠테이션 시간이 부족할 수도 있다. 청중들도 얕고 넓은 내용이 나열된다면 흥미를 갖기 어렵다. 따라서 주제의 범위를 좁혀서 구체적이고 깊이 있는 내용이 전개될 수 있도록 주제를 정한다(발표와 글쓰기의 주제 찾기 과정은 다르지 않으므로 1부 글쓰기의 절차를 참고할 수 있다).

프레젠테이션 주제의 예
BTS가 세계적인 열풍을 일으킬 수 있었던 원인 분석
텀블러의 사용이 실제로 환경에 끼친 영향도 조사
학교 주변 식당 마케팅 전략

능력 높이기 1

현재 살고 있는 지역과 관련하여 프레젠테이션 할 만한 주제 찾기

1	
2	

2) 정보 수집 및 정리

(1) 수집할 수 있는 자료(정보)의 종류

- 문헌 자료
- 인터넷 자료
- 시청각 자료
- 설문 조사
- 인터뷰
- 탐방 및 체험
- 실험 및 관찰

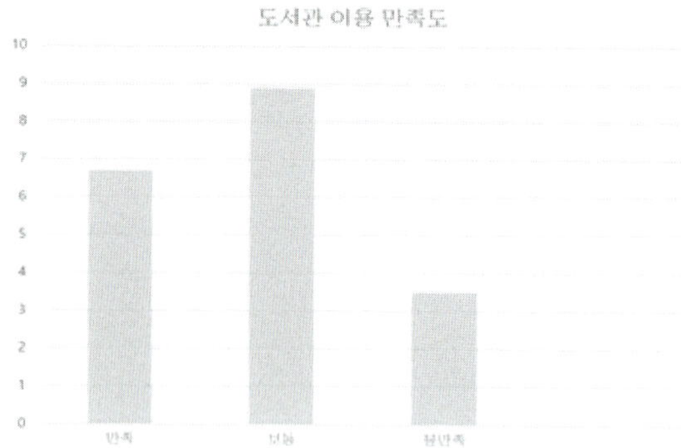

그래프

3. 학교 안 흡연부스가 잘 활용되고 있다고 생각하십니까?

① 아주 잘 활용되고 있다.

② 잘 활용되고 있다.

③ 잘 모르겠다.

④ 잘 활용되고 있지 않다.

⑤ 전혀 활용되고 있지 않다.

4. 그렇게 생각하는 이유를 간단히 써주십시오.

설문조사

(2) 수집된 자료(정보)의 정리

- 자료를 발표 내용(목차)에 맞게 분류
- 분류된 자료를 세밀히 검토하여 실제 사용할 자료를 선별
- 선별된 자료를 요약, 정리

(3) 정보를 수집하거나 활용할 때 주의할 점

- 객관적이고 정확한 정보인지 검토할 것
- 정보의 출처를 명확히 할 것
- 인터넷 자료의 경우 분명한 출처를 확인하고 신빙성을 검증할 것
- 설문이나 인터뷰 시 발표자의 주관적인 견해의 피력이나 유도가 없었는지 확인할 것
- 누락되거나 추가할 정보 또는 삭제해야 할 정보가 없는지 검토할 것
- 가능한 최신 정보를 수집하여 이용할 것

능력 높이기 2

능력 높이기 1에서 선정한 주제와 관련한 자료 수집하기

〈자료 목록〉

종류	번호	자료의 제목(내용)

3) ppt 제작

(1) 프레젠테이션을 위한 자료 제작

- 전자기기를 활용할 수 있는 장소라면 PPT를 작성한다.
- 기기 사용의 제약이 있다면 유인물을 만들어 인쇄한다.
- 화이트보드(칠판)가 갖추어져 있다면 이를 이용하여 이해를 높일 수 있다.
- 동영상, CD, 오디오(음원) 등 시청각 자료를 이용하여 흥미와 이해를 높인다.
- PPT를 사용하더라도 청중을 위한 별도의 유인물을 만드는 것이 좋다. 이때, PPT를 그대로 출력하기보다는 인쇄물의 특성에 맞게 새로 작성하여 편집하고, 필기를 할 수 있도록 여백을 둔다.

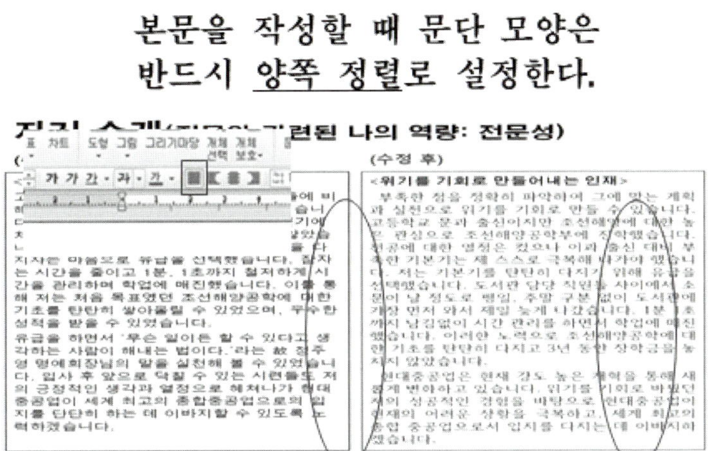

PPT

■ **편집 팁**

1. 본문을 작성할 때 문단모양은 반드시 양쪽 정렬로 설정한다. 왼쪽 정렬로 설정한 후 문서를 작성하는 경우가 있는데 이러한 경우에는 문서의 오른쪽 글자들의 배열이 일정하지 않게 된다.

2. 본문의 글자 크기는 10 포인트를 기준으로 한다. 문서를 읽어야 하는 사람이 50대 이상이라면 노안을 고려해 11 포인트 이상도 괜찮다.(아래 3번 항목 참조) 제목은 보통 14포인트 이상이다. 제목은 주의를 끌기 위해 '진하게'(도구 상자에서 제일 굵고 진한 '가')를 설정하는 것이 보통이다.

3. 줄 간격은 기본적으로 160%로 맞춘다. 문서를 읽는 사람이 노안을 가진 경우나 여백이 많이 남을 경우에는 줄 간격을 더 넓혀도 괜찮다.

4. 가장 대표적인 글꼴은 바탕체와 돋움체이다. 간혹 글의 시각적 효과를 높이기 위해 여러 가지 글자체를 사용하기도 하지만 한 문서 안에서는 두세 가지 글자체만 사용하는 편이 좋다. 본문은 바탕체로, 소제목 등은 돋움체로 하는 경우가 많다.

청중용 유인물

(2) PPT 작성 시 참고사항

- PPT에도 제목과 목차는 필요하다. 목차는 화제식으로 작성한다.
- 핵심 내용을 중심으로 간결하게 작성한다. 글자가 너무 많으면 가독성이 떨어지고 집중할 수 없다.
- 내용과 맥락에 맞는 표, 그래프, 이미지를 이용한다. 시각 자료의 적절한 활용은 내용을 쉽게 이해할 수 있게 한다.
- 너무 현란한 PPT는 오히려 집중력을 떨어뜨리고 피로감을 가져 온다.
- 글자가 눈에 잘 들어오는 배경색과 글자색을 고른다.
- 발표할 장소의 뒷좌석에서도 충분히 보일 수 있도록 글자 크기가 적절해야 한다.
- 청중을 고려하여 적절한 용어를 사용한다.(예 전문용어 사용의 빈도 등)
- 과도한 인터넷 용어 및 비속어 사용은 불쾌감을 주거나 전문성, 신뢰도를 떨어뜨리므로 자제한다.

- 비문, 맞춤법, 띄어쓰기, 오·탈자 등을 반드시 여러 번 검토한다.

PPT 목차

제1장 총칙

제1항. 한글 맞춤법은 표준어를 소리대로 적되, 어법에 맞도록 함을 원칙으로 한다.

- ① '표준어'가 대상. **사투리**는 맞춤법의 대상에서 제외
- ② **'내 소리대로'** 적는 것이 아님
- ③ '어법에 맞도록'은 **'원형을 밝혀'** 정도로 이해

PPT 텍스트

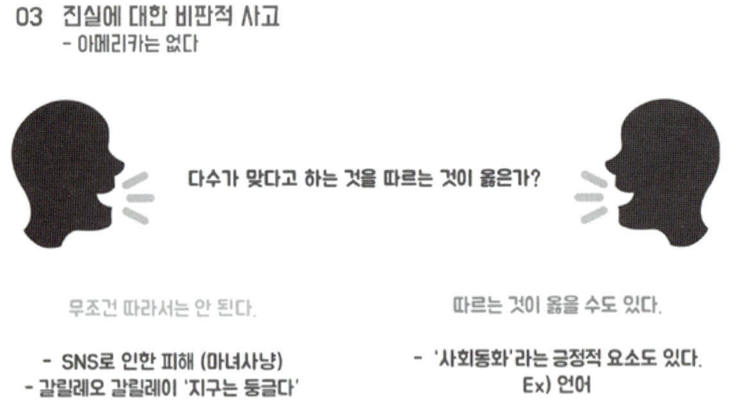

한 눈에 들어오는 깔끔한 PPT

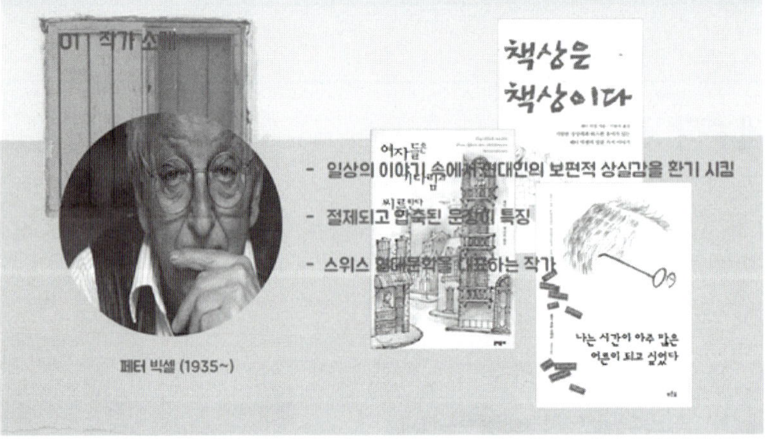

피로감을 주는 현란한 PPT

능력 높이기 3

능력 높이기 2에서 수집한 자료를 바탕으로 PPT 제작 콘티 짜기

- 템플릿
- 글꼴
- PPT 구성(목차, 글자와 그림의 배치 등)

3. 프레젠테이션의 실제

1) 발표 대본 작성 및 연습

발표를 할 때 가장 빈번한 실수 중 하나가 PPT에만 의존해서 발표를 하는 것이다. TV프로그램을 보면 진행자가 작은 카드를 손에 쥔 채 방송을 진행하는 모습을 본 적이 있을 것이다. 그 작은 카드가 진행을 원활하게 하기 위한 일종의 발표 대본이라고 볼 수 있다. 방송은 방송의 전체적인 구성을 담고 있는 방송 대본이 있고, 방송의 흐름을 PD와 작가, 진행자가 공유하지만 실제 방송을 매끄럽게 진행하기 위해서 진행자는 별도의 방송 대본을 가지고 프로그램을 진행하게 된다. 이처럼 잘 만들어진 PPT가 있더라도 발표를 원활하게 진행하기 위한 발표 대본을 만들어 충분히 연습한다면 발표의 완성도는 더욱 높아질 것이다.

(1) 발표 대본 작성 시 고려하면 좋은 점

- PPT는 보는(읽는) 데 초점을 맞춘다면, 발표 대본은 말하는 데 초점을 맞추어야 한다.
- 대본이라고 해서 반드시 '말할' 내용을 문장으로(있는 그대로) 작성할 필요는 없다. 오히려 드라마 대본처럼 작성한다면 대본에만 의존하게 되어 앵무새처럼 '대사'를 말하기에 급급할 수 있다. 발표 내용을 키워드로 정리하고, 전체 진행 개요를 꼼꼼히 작성하여 숙지한다.
- 예상 질문을 뽑아 답변을 미리 준비한다.

(2) 발표 대본으로 연습하기

- 발표 대본은 눈으로 보기 위해서가 아니라 말하기 위한 준비물이므로 반드시 발표 대본을 숙지하여 말하는 연습을 여러 번 해본다.
- 발표 연습 때는 전적으로 발표자의 입장에만 놓이기 쉽다. 앞에 청중이 있다는 가정 하에 청중의 반응을 상상하며 실전처럼 연습하도록 한다.

- 연습 시 발표 시간을 체크하여 제한된 시간을 넘지 않도록 한다.
- 각 세부 주제별(목차 내용별) 시간도 체크하여 중요한 파트를 충분히 설명하는지, 가볍게 넘어가도 될 부분에 많은 시간을 소요하고 있는 것은 아닌지 등을 확인한다.
- 가능하면 발표할 장소에서 미리 연습을 해보는 것도 좋다. 발표자의 목소리가 구석까지 전달되는지, 연단과 청중과의 거리가 어느 정도 되는지를 확인하여 PPT, 동영상 자료가 또렷이 보이게끔 조절한다.

능력 높이기 4

능력 높이기 3의 콘티를 바탕으로 발표 대본 작성하기

2) 발표

발표는 단순히 발표 대본이나 PPT 자료를 읽는 행위가 아님을 기억해야 한다. 자료는 오히려 발표를 돕는 역할을 하며, 발표자가 청중의 주의를 끌고 발표 내용을 각인시켜야 한다. 철저한 준비와 주의를 집중시키는 발표가 결합되었을 때의 파급력은 미국의 유명한 CEO인 스티브 잡스를 떠올리면 곧바로 이해될 것이다. 발표를 잘하는 능력은 타고난다고 생각하는 사람들이 많다. 그렇지만 발표 실력은 꼼꼼한 준비와 반복된 훈련으로 충분히 향상시킬 수 있다.

(1) 발표 전 반드시 점검해야 하는 사항

- 컴퓨터, 빔 프로젝터, 음향기기 등 발표에 필요한 기자재를 점검한다.
- 컴퓨터가 작동되더라도 준비한 파일이 실행되지 않을 수 있으므로 모든 파일을 순서에 맞게 실행해 본다.
- PPT의 경우 첫 장만 띄워보지 말고 슬라이드 쇼를 실행하여 마지막 장까지 확인한다.
- 만약 PPT의 애니메이션 효과 등이 제대로 실행되지 않는다면 미리 발표 대본에 체크해서 발표를 매끄럽게 진행할 수 있도록 한다.
- 표, 그래프, 이미지, 동영상 등의 파일이 깨지거나 실행에 문제가 없는지 확인한다.
- 마이크를 사용하는 경우 마이크와 스피커가 제대로 작동하는지 확인한다.
- 청중들이 챙겨갈 수 있도록 유인물을 미리 정리해서 놓아둔다.

(2) 발표 방식

개요를 중심으로 말로 하는 방법	준비한 원고를 읽는 방법
•자연스러운 발표 가능 •초보자의 경우 짜임새 있는 발표가 어려움	• 짜임새 있게 발표할 수 있음 •원고에만 의지할 경우 청중이 지루함을 느낄 수 있음

발표를 할 때에는 원고를 낭독하듯이 딱딱하게 읽으면 거부감을 느끼기 쉽다. 따라서 일반적으로는 개요를 중심으로 말로 발표하는 방법이 유리한데, 그러기 위해서는 발표 내용과 주요 어휘, 전체 흐름을 완전히 숙지해야 한다. 자연스럽게 말하듯 발표할 수 있도록 사전연습이 반드시 필요하다.

(3) 발표자의 태도

- 청중에게 정중히 인사하고 자신을 간단하게 소개한다.
- 청중과 시선을 맞추도록 노력한다. 발표자가 청중에게 집중한다는 사실을 알려줌으로써 오히려 청중의 관심을 집중시킬 수 있다.

- 프레젠테이션이 익숙하지 않아 청중과 시선을 맞추기가 어렵다면 청중의 코 주변을 보는 것도 방법이다. 단, 어색하고 떨린다 하여 창밖을 보거나 바닥을 보면 청중은 프레젠테이션에 집중할 수 없고, 발표자의 프레젠테이션이 비전문적이거나 무성의하다고 느낄 수도 있다.
- 프레젠테이션은 일방적인 말하기가 아니라 청중과 소통하는 말하기임을 기억한다. 청중의 반응을 보며 말의 속도를 조절하고, 분위기를 전환시키며, 설명할 내용을 더하거나 뺄 수 있다.
- 간단한 게임이나 퀴즈를 통해 청중의 관심을 끌 수 있다.
- 질의응답 시간은 꼭 필요하다. 성실하고 진중한 태도로 질문에 응하고, 모르는 내용에 대해서는 정중하고 솔직하게 인정한다. 추후에라도 답을 전달할 수 있다면 성심껏 질문에 대한 답을 전한다.
- 마무리 인사는 선택이 아니라 필수이다. 프레젠테이션을 집중해서 들어준 청중에게 감사의 인사를 잊지 않는다.

(4) 조별 발표의 경우 주의할 점

- 팀이라는 사실을 잊지 말고 모두 적극적으로 나서는 자세가 가장 중요하다.
- 적절하게 역할을 분담하여 발표 준비를 할 수도 있다.

〈역할 분담의 예〉

- 자료 수집 및 정리
- PPT 제작
- 발표 대본 작성 및 발표
- 청중용 유인물 작성과 전체 자료의 편집, 발표 진행 보조

- 구성원들이 모두 발표자로 참여하는 경우 발표자가 바뀔 때마다 어수선하지 않도록 연습한다.
- 발표자들은 서로의 어조, 말하는 속도, 목소리 크기 등을 최대한 조율한다.
- 자신의 차례가 아닐 때에도 발표하는 중임을 잊지 말고 자세를 바르게 유지하

며 집중한다.

- 간혹 발표 중 문제가 발생해서 조원들끼리 의견을 나누어야 할 때 공식적인 자리임을 상기하며 서로 정중하게 대화하도록 한다.

능력 높이기 5

- 능력 높이기 4의 발표 대본을 숙지한 후 발표 리허설을 한다.
- 발표하는 모습을 휴대폰으로 촬영하거나 녹음하여 발표 후 확인한다.
- 발표 시 문제점을 정리한다.

발표 시 문제점

02

Chapter

화자와 청자의 역할

학습목표

1. 원활한 의사소통과 의사 표현을 위해 화자와 청자로서의 올바른 태도를 이해한다.
2. 화자와 청자의 역할을 체험하며 상호 소통 능력을 향상시킨다.

1. 화자의 역할

1) 화자의 개념

말하는 사람. 의사소통이나 의사 표현의 과정에서 메시지를 전달하는 사람

(1) 대학에서 화자의 역할

- 발표자로서
- 토론자로서
- 질문자로서
- 응답자로서

(2) 화자의 태도

① 언어적 태도

㉠ 정확하고 분명하게 발음한다.

뉴스를 시청할 때 아나운서가 전달하는 정보에 신뢰를 느낄 수 있는 것처럼 공적인 자리에서 발언을 할 때 발음에 주의를 기울인다면 설득력이나 신뢰도를 높일 수 있다.

㉡ 목소리를 적절하게 조절한다.

목소리는 구석구석 충분히 전달될 수 있도록 한다. 목소리가 작으면 내용을 전달받기가 어렵고 집중력이 약해진다. 목소리가 너무 크면 안정감이 없고 금세 피로해질 수 있다. 따라서 목소리가 모든 곳에 전달될 수 있도록 하되 분위기에 맞추어 말의 강약과 고저를 조절하며 말하도록 한다.

㉢ 말의 속도를 조절한다.

대개 공적인 자리에서 긴장하면 말이 빨라지기 쉽다. 말이 너무 빠르면 내용을 충분히 알아듣기 어려우므로 속도에 주의를 기울이며 말한다.

㉣ 비속어와 인터넷 용어 등에 주의한다.

비속어와 인터넷 용어를 잘 사용하면 간혹 분위기를 밝게 만드는 데 도움이 된다. 그러나 지나친 사용은 발언의 신뢰도를 떨어뜨리고 가벼운 인상을 심어줄 수 있으므로 사용 시 주의가 필요하다. 청자가 친구들이라고 하더라도 발표 등 공적인 상황이라면 언어도 그 상황에 맞게 사용해야 한다.

㉤ 청자에 맞는 용어를 선택한다.

청자의 연령, 직업, 관심사, 지역 등 청자를 분석하여 적절한 용어를 선택한다. 특히 전문용어나 외국어의 사용은 주의한다. 가령, 중・고등학생들을 대상으로 프레젠테이션을 하면서 전문용어를 남용하면 청자는 내용을 이해하기 어려울 뿐더러 흥미를 잃어버리게 된다. 또, 고령의 어르신들을 대상으로 새로운 노인 정책을 설명한다고 생각해보자. 지나치게 외국어를 많이 사용하면 어르신들께 중요한 정책들이 제대로 전달되지 않을 것이다.

② 비언어적 태도

㉠ 화자는 예의 바르고 성의 있는 자세를 취한다.

바른 자세는 화자에 대해 좋은 인상을 심어줄 수 있으며 화자의 발언 내용에도 긍정적인 영향을 미칠 수 있다.

㉡ 눈으로 소통하며 말한다.

언어적 소통만큼이나 비언어적 소통도 중요하다. 비언어적 소통의 대표적인 방법이 바로 시선의 교환이다. 시선을 주고받음으로써 화자와 청자는 서로를 더 이해할 수 있게 된다.

㉢ 자연스러운 표정을 유지한다.

지나치게 긴장하여 굳은 표정은 보는 사람도 긴장하게 만든다. 편안하고 자연스러운 미소로 분위기를 편안하게 만든다.

능력 높이기 1

2018년 청춘 페스티벌의 서장훈 강연을 보고[1] 화자의 태도를 평가하라.

화자의 태도	

1) https://www.youtube.com/watch?v=V5qMyIFnVh8

2. 청자의 역할

1) 청자의 개념

듣는 사람. 화자의 메시지를 전달받는 사람

(1) 대학에서의 청자의 역할

- 발표를 들을 때
- 토론을 참관할 때
- 질문을 받을 때
- 질문에 대한 응답을 들을 때

(2) 청자의 태도

① 청자는 열린 마음을 가지고 화자의 발언에 집중한다.

열린 마음을 가진다는 것은 선입견이나 편견을 버리고 발언의 핵심에 접근하도록 노력함을 의미한다. 발언을 들으며 궁금한 점을 질문하고, 중요하다고 생각되는 내용을 메모하는 자세는 화자와의 소통을 원활하게 한다.

② 화자의 말을 중간에 끊거나 갑자기 화제를 전환하지 않는다.

이는 의사소통에 있어 매우 무례한 행동으로 화자와의 소통을 단절시키는 결과를 가져올 수도 있다.

③ 프레젠테이션, 토론 등 화자의 발언을 평가해야 하는 순간에는 객관성을 잃지 않는다.

평가하는 입장이 우위에 있다는 잘못된 생각을 버리고 객관적이고 정확하게 화자의 의견을 평가하도록 한다. 이는 후에 화자의 입장이 되었을 때 논리적이고 설득력 있게 말할 수 있는 토대를 마련해 줄 것이다.

④ 화자와 눈을 마주친다.

시선을 통한 비언어적 소통은 화자에게만 요구되는 것이 아니다. 청자도 적극적으로 화자를 바라보며 화자에게 집중하고 있음을 표현해야 한다.

⑤ 휴대폰을 보거나 자리를 무단으로 이탈하는 행동을 하지 않는다.

원활한 소통은 상호간에 예의를 다할 때 시작된다. 화자의 말에 귀를 기울이지 않고 무단으로 자리를 뜨거나 휴대폰을 보는 등의 행동은 상대에게 불쾌감을 줄 뿐 아니라 교양인으로서도 적합하지 못한 행동이다.

능력 높이기 2

MBC 라디오스타 628회[2]를 보고 청자의 태도에 대해 평가해 보세요.

청자의 태도	

2) https://tv.naver.com/v/9354416

3. 상호 소통의 실제

1) 상호 소통의 중요성

화자와 청자는 말하는 사람과 듣는 사람이라는 의미이지만 대개 각각의 역할이 뚜렷이 구분되는 경우는 드물다. 소통과 교류의 과정에서 필연적으로 화자는 청자가 되기도 하고, 청자는 화자가 되기도 하며 화자와 청자의 역할을 동시에 수행하게 된다. 이때 청화자의 역할이 자연스럽게 교체되고 원활한 소통이 이루어지기 위해서는 서로를 존중하는 태도를 가지고 상대의 말을 경청하고, 성심을 다해 발언하는 자세가 필요하다.

능력 높이기 3

'3분 스피치'를 이용한 화자와 청자 역할 경험하기

- 조를 이루어 화자, 청자, 평가자 중 하나의 역할을 선택한다.
- 화자는 3분 스피치 원고를 작성한다. 화자는 원고를 발표할 때 '읽기'에 초점을 맞추는 것이 아니라 '효과적인 전달'에 초점을 맞춘다.
- 청자는 화자의 발언을 3분 동안 들은 후 핵심 내용과 감상을 정리한다. 화자의 발언을 들으며 적절하게 반응하거나 이해가 안 되는 부분은 질문을 던질 수 있다.
- 평가자는 화자와 청자를 관찰하며 평가표를 작성한다.

〈화자: 3분 스피치 원고 작성〉

제목	
내용	

〈청자: 주요 내용과 감상 정리〉

주요 내용	
감상	

〈평가표: 잘된 점과 잘못된 점을 골고루 평가〉

화자의 태도	
청자의 태도	

03
Chapter

토론과 토의

학습목표

1. 토의와 토론의 개념과 방식을 이해한다.
2. 토의와 토론 활동을 통해 민주적으로 문제를 해결하고 소통하는 방식을 훈련한다.

1. 토의의 이해와 방법

1) 토의의 개념

어떤 문제를 해결하기 위해 여러 사람이 모여서 각자의 지식과 의견을 교환하여 가장 합리적인 해결 방안을 마련하는 과정

2) 토의의 목적

복잡하고 세분화된 사회일수록 발생하는 모든 문제를 예측하고 대처하기란 쉽지 않다. 이러한 어려움을 해소하기 위해 여러 사람이 모여 지식과 정보, 사실, 의견

등을 교환하게 된다. 이 교환 과정을 거쳐 합리적으로 문제 해결을 시도하는 집단적이고 협동적인 사고 과정이 토의이며, 다양한 의견의 교환을 통해 다면적이며 다층적으로 문제에 접근하고, 최선의 해결 방안을 모색하고 결정하는 데 토의의 목적이 있다.

3) 토의 참가자의 역할과 자세

(1) 토의자(발표자)

- 토의의 중심 역할이다.
- 토의 참가자들 모두가 이해할 수 있도록 간결하고 정확하게 의견을 전달한다.
- 의견의 타당성을 입증하기 위해 구체적인 사례와 신빙성 있는 자료를 제시한다.
- 발언 기회나 시간을 독점하지 않도록 주의한다.
- 다른 토의자의 의견을 무시해서는 안 된다.
- 다른 토의자의 발언 도중 끼어들거나 발언을 방해해서는 안 된다.

(2) 사회자

- 토의가 효율적으로 진행될 수 있도록 의견을 조율하고 발언 순서에 따라 발표자들에게 발언 기회를 준다.
- 토의에 앞서 의제를 소개하고 발언 방법과 시간 등을 공지한다.
- 토의 내용을 중간 중간 요약, 정리하여 발표자들과 청중들에게 알려준다.
- 토의의 방향이 엉뚱한 곳으로 흘러가지 않도록 진행에 유의한다.
- 의제와 관련 없는 발언에 대해서는 적절히 견제하거나 제지한다.
- 발표자에게 골고루 발언 기회가 돌아가도록 발언권을 안배한다.
- 청중들에게도 충분한 질문의 기회를 부여한다.

(3) 청중

- 토의 과정에서 의문점이 있거나 의견이 있다면 사회자에게 발언권을 얻어 질문한다.
- 토의를 지켜보는 시간이 길다고 해서 역할이 미미한 것은 아니므로 적극적으로 토의에 참여한다.

4) 토의의 단계와 진행 절차

토의에는 다수가 참여하는 경우가 일반적이다. 그만큼 논의하는 과정이 산만한 경우가 생긴다. 또한 결론을 도출하기가 쉽지 않은 경우도 있는데, 합리적인 의견을 모으는 것도 중요하지만 결정된 사항을 실천에 옮기는 것도 중요하다. 따라서 실천 가능한 최선의 결론을 도출하도록 신중을 기할 필요가 있다. 따라서 토의는 치밀한 준비와 단계별 진행이 요구된다.

(1) 문제의 검토와 의제의 확정

토의에서 다를 문제, 즉 의제(議題)를 확정하는 단계이다. 논의할 만한 가치나 의의가 있는지 검토하여 의제로 확정한다.

＊ 의제를 확정할 때 고려할 점

- 의견이 하나로 모아지지 않아서 다수의 의견을 교환하여 결정할 필요가 있을 것
- 공통의 문제나 이익과 관련될 것
- 실질적으로 해결이 가능할 것

〈토의 의제의 예〉
- 시험 기간에 도서관 좌석을 공정하게 이용할 수 있는 방안
- 학교의 정체성을 확립할 수 있는 학교 축제의 방향과 내용
- 조별 발표에서 무임승차를 최소화할 수 있는 방안

(2) 의제에 대한 조사와 분석

의제가 된 문제의 원인, 경과, 결과, 실태 등에 대한 정보와 지식, 의견을 충분히 모은다. 각 정보들을 검토하고 분석하는 단계다. 토의 과정에서 논리적 오류나 의견에만 치중하는 것을 막고 사실 여부를 빨리 확인할 수 있다. 단 미리 의제를 확인하고 각자가 준비하는 시간이 필요하다.

(3) 해결 방안 또는 가설의 설정

조사와 분석 결과를 바탕으로 가능한 몇 가지 해결 방안이나 가설을 설정한다. 각각의 방안에 대해서 예상되는 결과의 합리성, 효율성, 실천가능성 등과 함께 예상되는 문제점도 제시할 필요가 있다.

(4) 해결 방안의 채택과 실천

해결 방안이나 가설에 대한 검토 후 가장 바람직하다고 판단되는 방안이나 가설을 참가자들의 토의를 거쳐 채택한다. 채택된 방안이나 가설은 구체적 행동으로 실천하도록 노력한다. 마지막 실천까지 이루어져야 토의가 실제적 효과를 가지게 되는 셈이다.

2. 토론의 이해와 방법

1) 토론의 개념

특정한 논제에 대하여 찬성자와 반대자가 각각 논리적인 근거를 들어 자신의 주장을 내세우고, 상대방의 주장이나 논거가 부당하다는 것을 명백하게 하는 말하기의 방식

2) 토론의 목적

토의와 마찬가지로 여러 사람의 의견을 모아 문제에 대한 최선의 해결책을 찾으려 하는 것

3) 토의와 토론의 차이

토론은 넓은 의미에서는 토의에 포함된다. 그러나 토의가 문제의 해결을 위해 서로 협동하고 협의하면서 의견의 일치를 구하는 과정이라면 토론은 찬성과 반대라는 논리적 대립을 통해 최선의 방안을 드러내 보이는 데 주안점을 둔다. 대표적인 토론의 예로는 법정에서 벌어지는 검사와 변호사 사이의 공방을 들 수 있다.

4) 토론의 방법과 요령

- 자신의 주장을 분명하게 제시한다.
- 상대방의 주장을 뒷받침하는 사실이나 논리적 근거를 일단 긍정적으로 수용하는 자세를 가진다. 가급적이면 상대방이 사용하는 용어와 표현을 그대로 인용하면서 상대방에게 그것이 틀림없는지 확인시킨다.

- 자신의 주장을 뒷받침하는 사실이나 논리적 근거가 상대방의 그것들보다 더 믿을 만하고 가치 있는 것이라는 점을 강조한다.
- 상대방 주장을 뒷받침하는 사실이나 논리적 근거를 분석하여 그 취약점을 파악하고, 그에 따른 문제점을 지적한다.
- 자신의 주장의 요점을 반복해서 강조한다.
- 필요에 따라서는 상대방을 납득시켜 자신의 주장에 동조하도록 하는 노력을 기울인다.

5) 토론의 규칙

- 논제는 하나의 주장만을 담고 있는 긍정 명제여야 한다.
- 미리 서로에게 공평하게 발언 시간, 발언 순서, 발언 횟수를 정하여 준다.
- 발언은 찬성 측부터 시작하고, 이어서 반대 측의 발언이 있고, 마지막 발언은 찬성 측이 하는 것이 원칙이다. 단 찬성 측이 두 번으로 나누어 발언하지만, 발언 시간은 반대 측과 같아야 한다. 일반적으로 토론을 하다보면 먼저 의견을 말한 찬성 측에 대한 반박과 함께 반대 측의 발언이 이어지므로 찬성 측에서는 불리한 점이 있다. 이를 보완할 기회를 주기 위해 마지막 발언은 찬성 측에게 주는 것이다.
- 토론이 끝나면 판정하고, 토론 참가자들은 그 결과에 승복한다.

*** 논제를 확정할 때 고려할 점**

- 현재 갈등이 내재할 것
- 찬반 대립이 명확할 것

〈토론 논제의 예〉

- 대학입시: 정시 비중은 확대되어야 한다. (혹은 반대)
- 에너지: 원자력발전은 중지되어야 한다. (혹은 반대)

6) 토론 참가자의 역할과 자세

(1) 토론자

- 주장의 논리적 근거를 명확히 제시한다.
- 상대방 주장의 논리적 근거의 약점을 파고들어 그 논거를 부정한다.
- 논리와 무관한 대결이나 대립이 되지 않도록 한다.
- 상대방의 말꼬리를 잡거나 비방, 인신공격성 발언을 해서는 안 된다.
- 논제를 벗어난 주장을 하지 않도록 주의한다.

(2) 사회자

- 선입견 없이 공평하게 토론을 진행한다.
- 토론자의 좌석을 배정해주고 토론 규칙을 미리 공지한다.
- 매끄러운 토론의 진행을 위해서는 사회자의 역할이 매우 중요함을 인식한다.
- 토론자들이 논제에서 벗어나는 것을 막고 규칙에 어긋난 행동을 할 때에는 주의를 준다.
- 필요한 경우에는 토론의 요지를 요약하여 정리해 준다.
- 토론의 결과를 분명하게 정리한다.

(3) 청중

- 선입견이나 편견 없이 객관적인 입장에서 사실과 의견을 구별해서 듣는다.
- 공정한 판결을 내리도록 한다.
- 판결의 기준은 대체로 설득력, 논지의 일관성, 자료의 타당성과 정확성, 결론의 명확성, 규칙이나 발언 시간의 준수 등이 된다.

(4) 토론의 단계와 진행 절차

토론의 종류는 다양하다. 대표적으로 퍼블릭 포럼 디베이트[1], 링컨-더글러스 토론[2], 의회식 토론[3], 칼 포퍼식 토론[4], 세다식 토론[5] 등이 있다. 그러나 학교에서 이루어지는 토론은 이들 토론 모형을 참고하더라도 수업 분위기나 상황에 맞게 적절히 변형하거나 보완해서 진행할 수 있다.

① **도입**: 사회자가 논제와 규칙 설명, 참가자 소개

② **입론**: 사회자의 안내에 따라 찬성 측과 반대 측이 교대로 주장 발표

③ **질문과 반박**: 입론을 마친 발언자들을 상대로 발언 내용에 대해 질문하여 상대방의 논리적 허점 등을 부각시키고, 약점과 허점을 공격하여 자신의 주장을 강화한다.

④ **청중 질문과 답변**: 의문을 해소하고 공정한 판정을 할 수 있도록 청중에게 질문할 기회를 주고, 질문을 받은 토론자는 이에 대해 성실히 답변한다.

⑤ **판정 및 마무리**: 사회자가 양측의 입장을 요약하고 토론의 성과를 정리한다. 판정이 전제된 토론이라면 판정 결과를 알려준다. 사회자가 토론의 종결을 알리는 마무리 발언을 한다.

1) 찬성과 반대가 각 2명씩 참여한다. 찬성과 반대, 차례를 동전으로 정하며 4명 모두 교차질의에 참여할 수 있는 형태이다.
2) 1:1 토론으로, 찬성이 두 번 반박하는 기회를 가진다.
3) 영국 의회식 토론은 첫 번째 토론자가 반박 기회를 한 번 더 가진다. 우리나라에서는 발언 기회를 같게 한다.
4) 3:3 토론으로 반박의 기회가 더 많은 토론이다.
5) 토론자가 주장 제시, 반박, 상대방 주장에 대한 질문을 모두 진행하는 토론 방식이다.

3. 토의와 토론의 실제

〈토의 연습하기〉

능력 높이기 1

학교에서 겪는 어려움을 바탕으로 토의 의제를 설정해 보자.
조건: 의견 일치가 어렵고, 공통의 문제이며, 해결 가능할 것

학교에서 발생하는 문제들
•
•
•
•

조원들과 상의하여 위의 여러 문제들 중에서 하나의 의제를 확정한다.

확정된 의제
•

능력 높이기 2

능력 높이기 1에서 확정된 의제와 관련된 정보(지식, 의견 등)을 모두 모으고 분석, 정리한다.

	정보	분석(사실 여부, 해결 가능성 등)
1		
2		
3		
4		
5		

능력 높이기 3

활동2에서 결정된 몇 가지 해결 방안(혹은 가설)을 검토한다.

	해결 방안	합리성	효율성	실천가능성	예상 문제점
1					
2					
3					

능력 높이기 4

능력 높이기 3에서 검토한 내용을 바탕으로 해결 방안(혹은 가설)을 채택한다. 그 후 구체적인 실천 계획을 세운다.

채택한 해결 방안(가설)
•

	구체적인 실천 계획
1	
2	
3	
4	
5	

〈토론 연습하기〉

능력 높이기 1

현재 사회 혹은 공동체에서 겪고 있는 어려움을 바탕으로 논제를 확정해 보자.
조건: 갈등이 내재하며, 찬반 대립이 나타날 것

사회 혹은 공동체의 문제들
•
•
•
•

상의하여 위의 여러 문제들 중에서 하나의 논제를 확정한다.

확정된 논제
•

능력 높이기 2

확정된 논제를 바탕으로 토론을 준비한 후, 사회자의 진행에 따라 토론을 진행한다.

* 역할 정하기

- 사회자
- 토론자(찬성 팀, 반대 팀)
- 청중(판정단)

〈토론 개요표〉

논제	
주요 쟁점	
주장	
근거	
상대편 주장 예상	

<table>
<tr><td>상대편 예상 주장에 대한 반론</td><td></td></tr>
<tr><td>상대편 반론에 대한 대책(반박)</td><td></td></tr>
</table>

〈토론 평가표〉

<table>
<tr><th colspan="3">평가 영역</th><th>평가 항목</th><th>점수</th></tr>
<tr><td rowspan="6">내용면</td><td rowspan="3">중심주장</td><td>이해</td><td>논제를 정확히 이해하여 논의방향이 적절하였다.</td><td></td></tr>
<tr><td>논리</td><td>근거가 주장을 잘 뒷받침하였다.</td><td></td></tr>
<tr><td>자료</td><td>근거의 바탕이 되는 자료가 충분하고 적절하였다.</td><td></td></tr>
<tr><td colspan="2" rowspan="3">반론</td><td>상대측의 문제점(논리, 근거자료, 용어 등)에 대한 질문이 적절하였다.</td><td></td></tr>
<tr><td>상대측의 질문에 대한 답변이 적절하였다.</td><td></td></tr>
<tr><td>반론이 적절하였다.
–인정할 부분과 반박할 부분을 구분하였다.
–반박이 논리적이었다.</td><td></td></tr>
<tr><td colspan="3" rowspan="2">발표면</td><td>음성의 크기, 말의 속도, 시선 처리 등이 적절하였다.</td><td></td></tr>
<tr><td>상대측을 존중하는 발언 태도를 보였다.</td><td></td></tr>
</table>

참고문헌

김돈 · 고원 외(2011), 『대학 글쓰기와 의사소통』, 아카넷.

김동혁(2015). 『자기소개서를 위한 문장쓰기』, 성광사.

김동혁 · 김은정(2017), 『스토리텔링의 이해와 활용』, 소소담담.

김명순(2011), 「글쓰기 지도에서 내용 생성하기 교수 · 학습 활동 효과」, 부산대학교 교육대학원 석사학위논문.

김미옥(2007), 「문단쓰기 지도를 통한 글쓰기 지도방안 연구」, 한국교원대학교 교육대학원 석사학위논문.

김미자(1998), 「문단 구체화 전략의 적용 Ⅱ」, 광조초등국어교육연구 3호, 광주초등국어교육학회.

김석봉 외(2018), 『글쓰기의 기초와 실제』, 태학사.

김옥수 역(2002). 베티 스미스, 『나를 있게 한 모든 것들』, 아름드리미디어.

김윤경(2010), 「제재의 내용 조직하기를 통한 개요 작성 지도 방안 연구」, 독서교육연구 6권.

김종철(2018), 「교양 체험과 욕망의 교육」, 『시적 인간과 생태적 인간』, 삼인.

김종헌(2016), 『소통의 시대 읽기와 쓰기』, 문예원.

대학글쓰기편찬위원회(2014), 『사고와 표현』, 학이사.

대학글쓰기편찬위원회(2016), 『사고와 표현』, 소소담담.

문상일(1999), 「전자도서관의 효율적인 정보 검색 시스템 설계 및 구현」, 안양대학교 산업정보대학원 석사학위논문.

박덕유(1998), 『작문 교육의 이론과 실제』, 한국문화사.

박수자(2007), 「구성주의 이론의 국어교육학적 의의」, 『독서연구』 제18호, 한국독서학회.

박완서(2010), 『못 가본 길이 더 아름답다』, 현대문학.

박정옥(2001), 「브레인스토밍 적용 방안에 관한 문헌고찰」, 성결대학교논문집.

박찬원(2003), 「창의적 사고를 통한 미술수업 개선방안 연구」, 계명대학교 석사학위논문.

야하타 히로시(2010), 「완벽한 프레젠테이션」, 21세기북스.

유봉현(2000), 「브레인스토밍 기법이 창의적 사고력에 미치는 영향」, 연세교육연구 제13권 제1호.

유정화(2014), 「시각적 이미지를 활용한 내용 생성 전략이 글쓰기에 미치는 영향 연구」, 경인교육대학교 교육전문대학원 석사학위논문.

이선영(2011),「글쓰기 지도에서 내용 생성하기 교수 · 학습 활동 효과」, 부산대학교 교육대학원 교육학석사학위논문.

이재기(2006),「사회구성주의 관점에서의 독자」,『독서연구』 제16호.

이혜림(2015),「브레인스토밍을 활용한 미술비평 수업 지도 연구」, 경북대학교 교육대학원 석사학위논문.

이호근(1998),「사전쓰기 지도 방법 연구」, 한국교원대학교 석사학위논문.

임경순(2006),「구성주의적 관점에서 문학텍스트 읽기」,『독서연구』 제16호, 한국독서학회.

임주연(2009),「제재의 내용 조직하기를 통한 개요지도작성방안 연구」, 국민대학교 교육대학원 석사학위논문.

정기철(2001),『문장의 기초』, 역락.

정용(2009),「마인드맵을 활용한 과정 중심 쓰기 학습이 쓰기 능력과 학습책략 사용에 미치는 영향」, 부산대학교 교육대학원 석사학위논문.

정희모 외(2008),『대학 글쓰기』, 삼인.

조인혜(2005),「내용 생성과 조직화 전략을 통한 쓰기 지도 방안 연구」, 국민대학교 교육대학원 석사학위논문.

조정래(2010),『스토리텔링 육하원칙』, 지식의날개.

최윤희(2015),「마인드맵과 토의학습을 활용한 대학생 글쓰기 교육방법 연구」, 인문논총 38권.

허철구(2001),『바른 문장 쓰기』, 국어문화학교.

찾아보기

저 / 자 / 소 / 개

▪ **김동혁**

단국대학교 대학원 문예창작학과(문학박사)

현) 울산과학대학교 ncs 교양 외래교수

▪ **김종헌**

경북대학교 · 대구대학교 대학원 국어국문학과(문학박사)

현) 대구교육대학교 연구교수

▪ **마소연**

울산대학교 대학원 국어국문학과(문학박사)

현) 울산대학교 국어국문학부 객원교수

▪ **황형식**

대구대학교 대학원 국어국문학과(문학박사)

현) 대구대학교 교양교육원 강사

대학생을 위한

글쓰기와 말하기

1판 1쇄 인쇄 — 2020년 3월 2일
1판 1쇄 발행 — 2020년 3월 5일

저 자 - 김동혁 김종헌 마소연 황형식

발 행 인 - 강철원
발 행 처 - 양성원
주 소 - 경기도 파주시 검산로 173번길 29-20
전 화 - 031-946-3861(代)
팩 스 - 031-946-3864
이 메 일 - tnwpub@naver.com
홈페이지 - tnwpub.co.kr
출판등록 - 2015년 8월 31일 제 2015-000211 호

ISBN 979-11-6126-258-1

정가 17,000원